I0406504

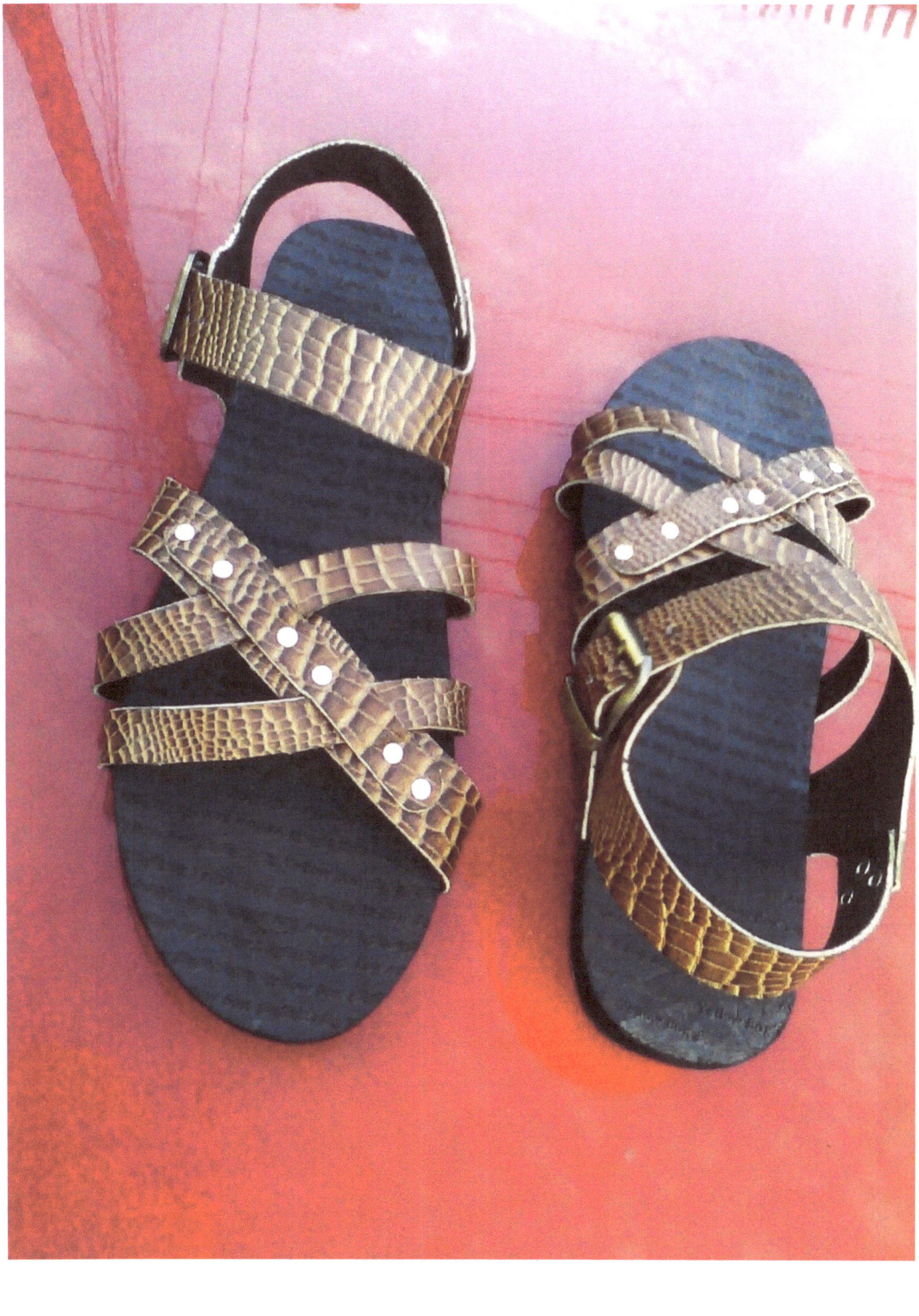

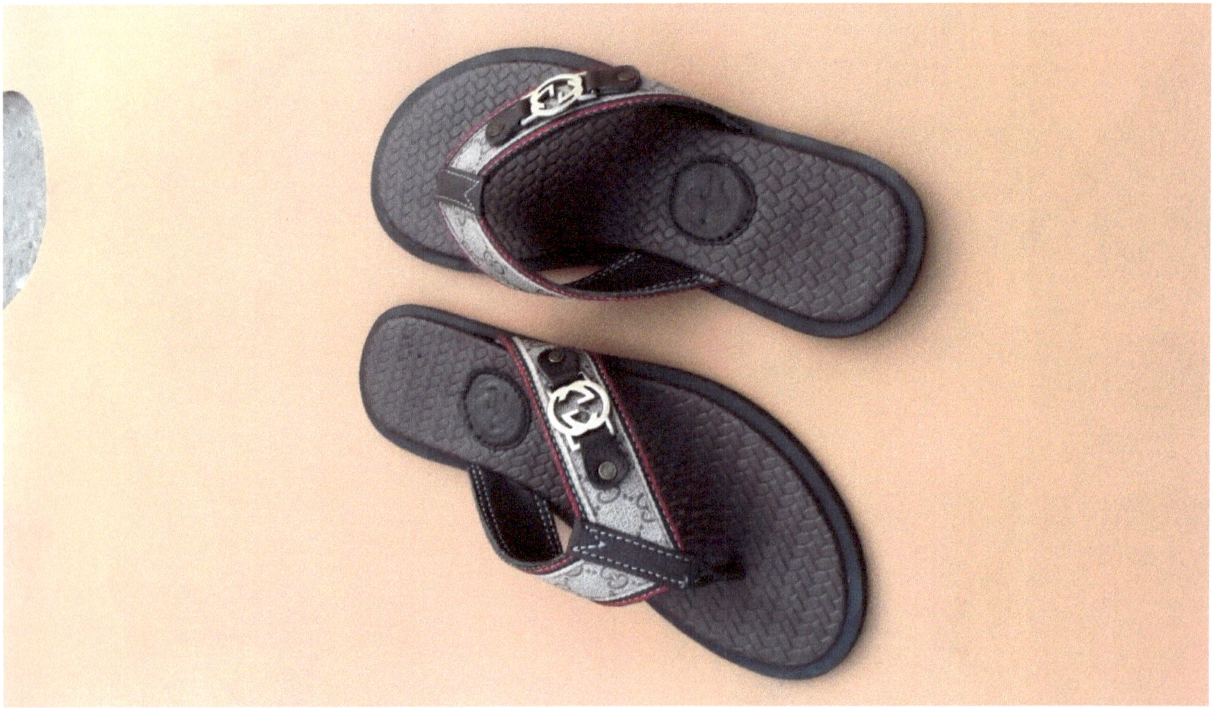

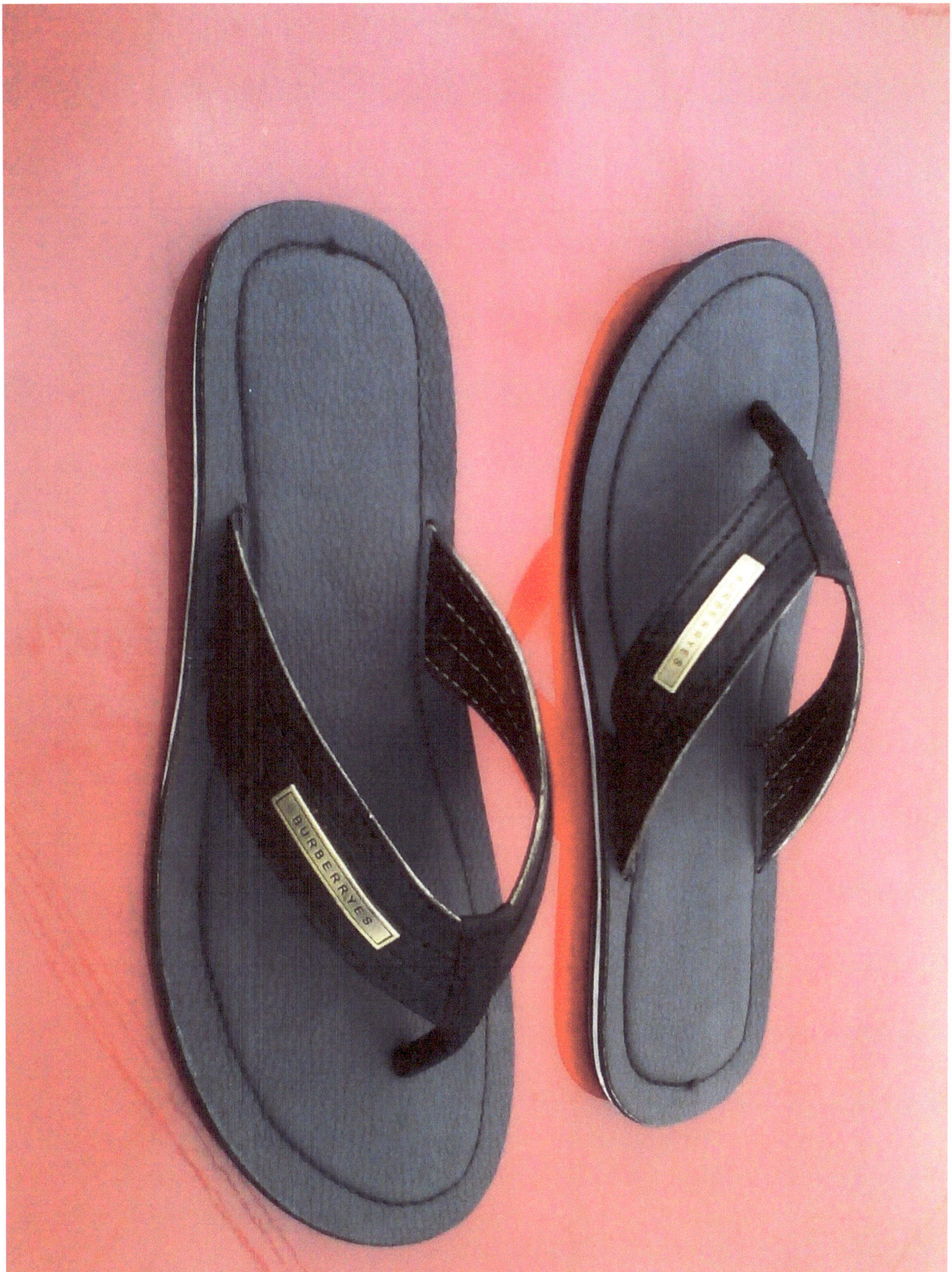
BURBERRYES

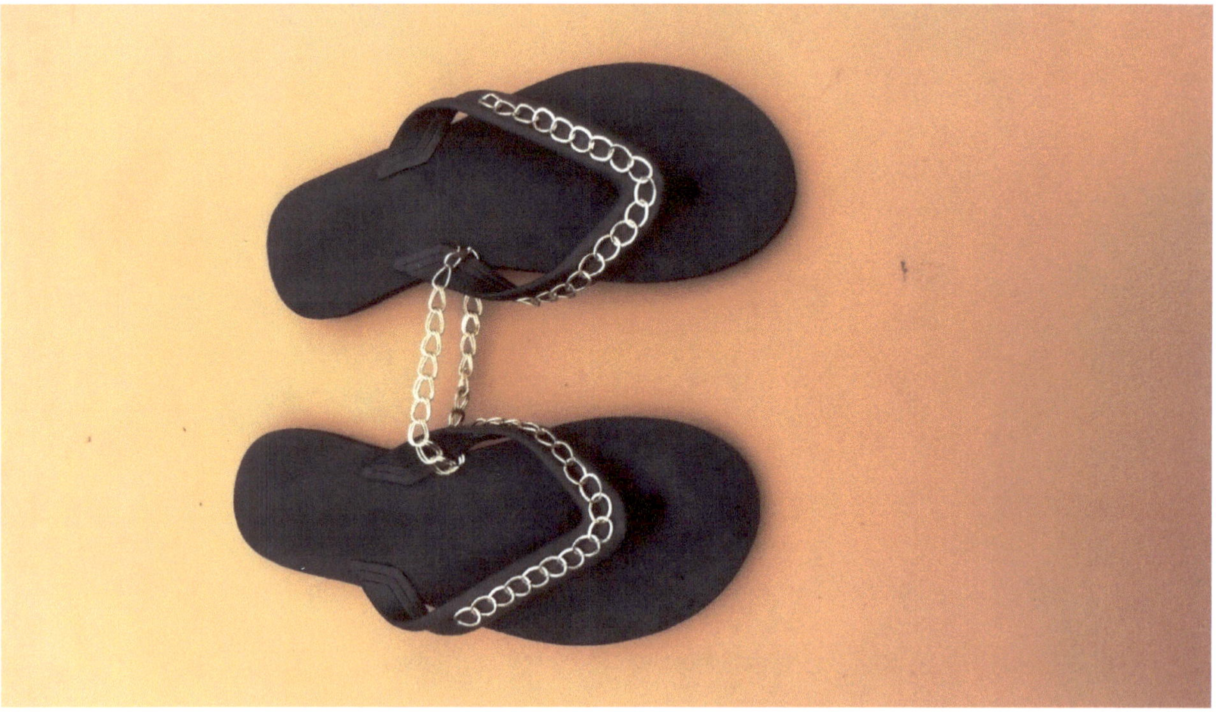

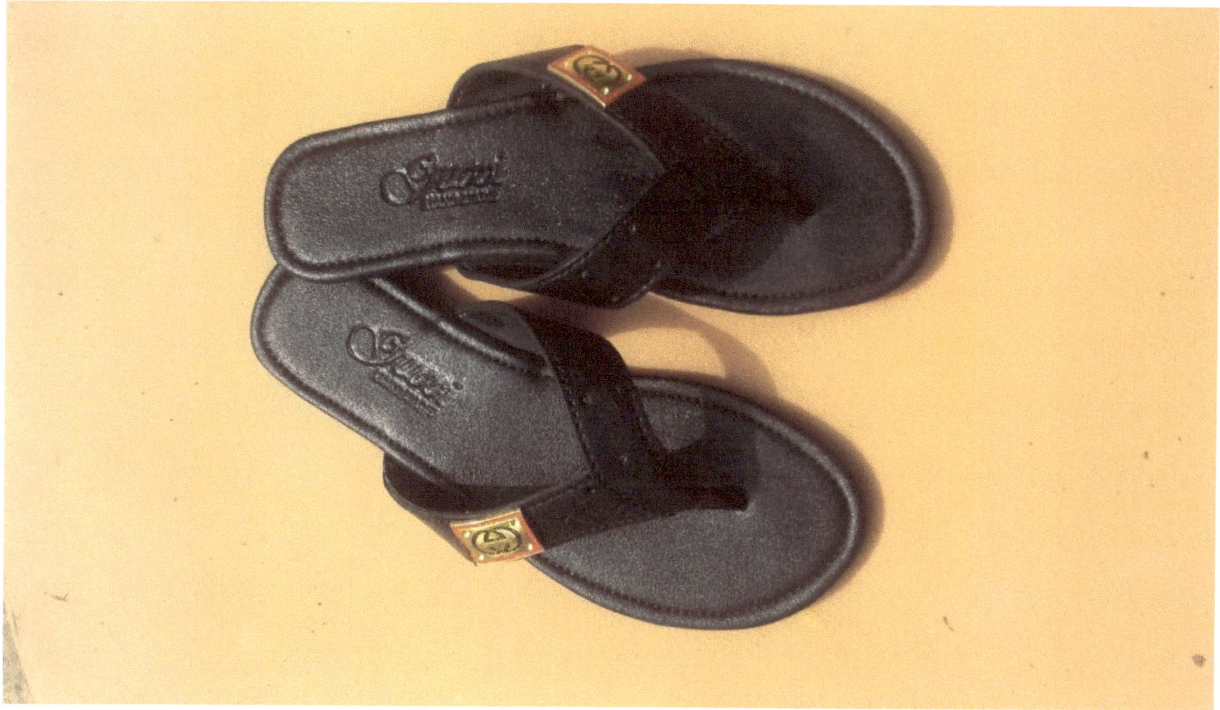

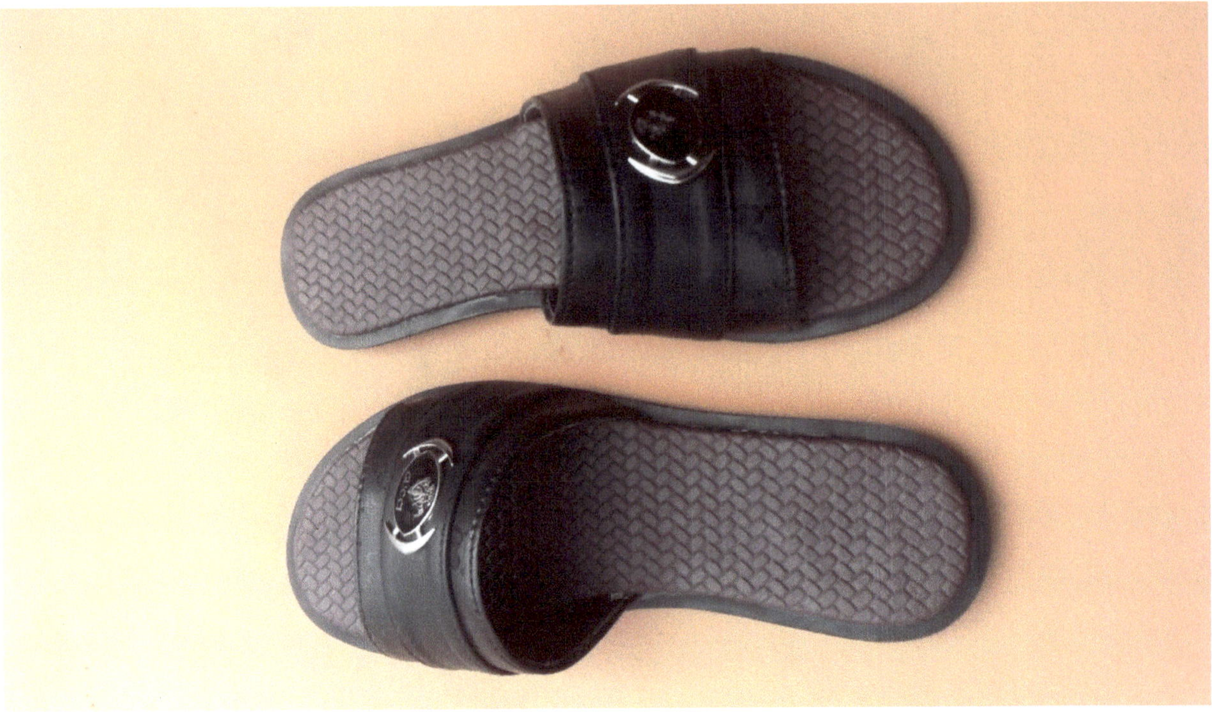

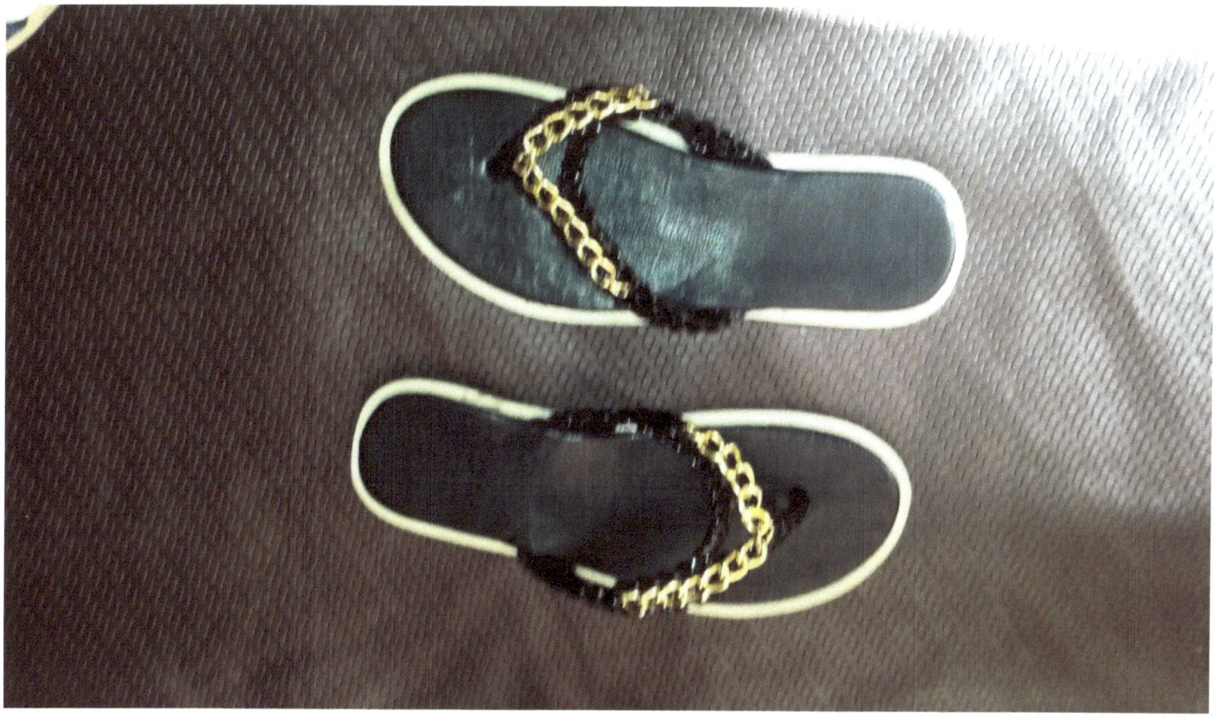

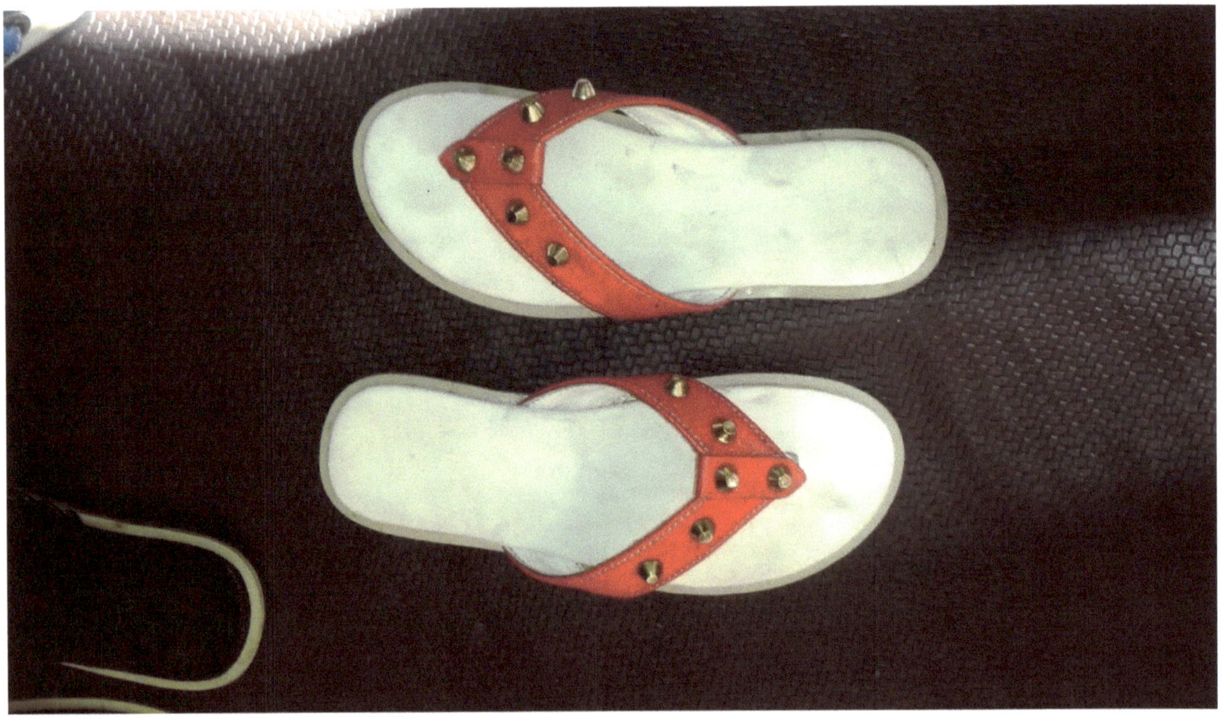

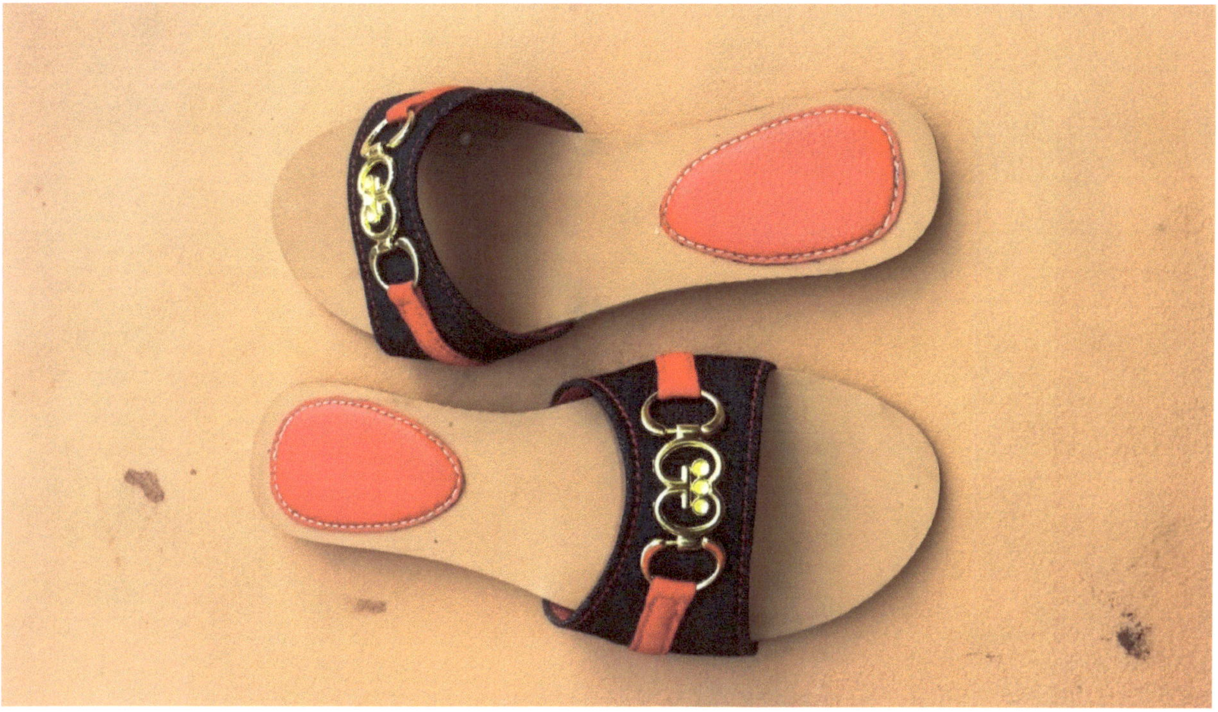

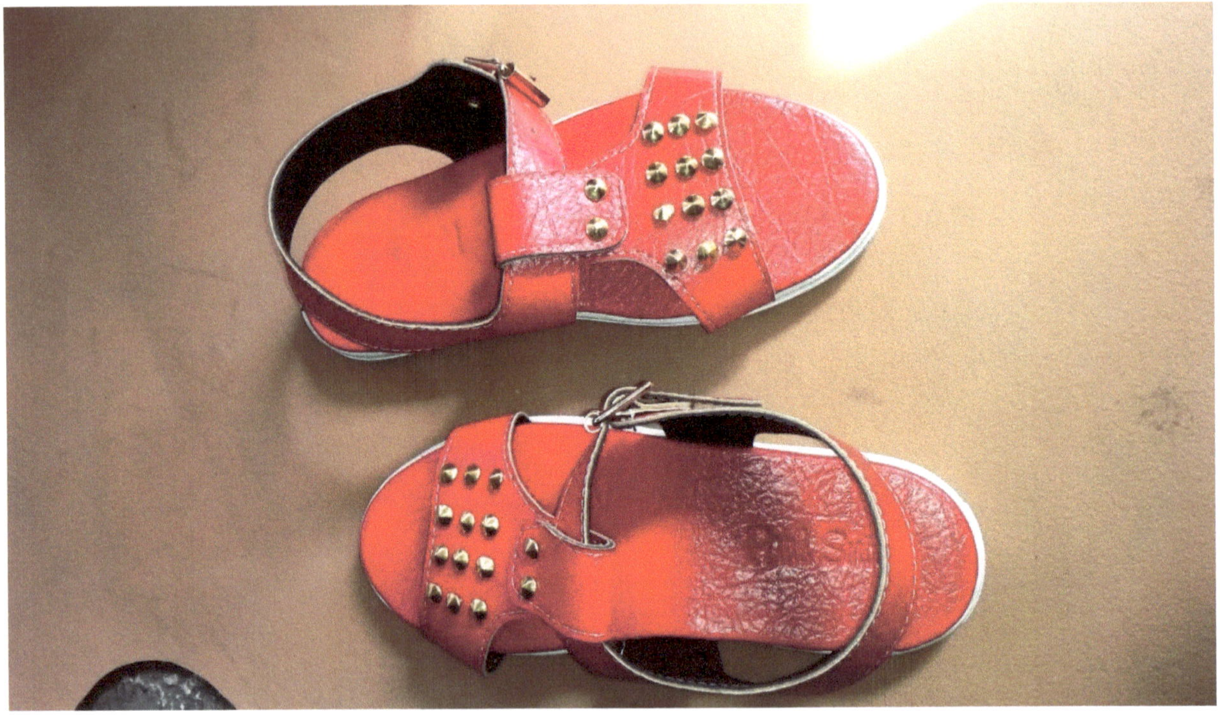

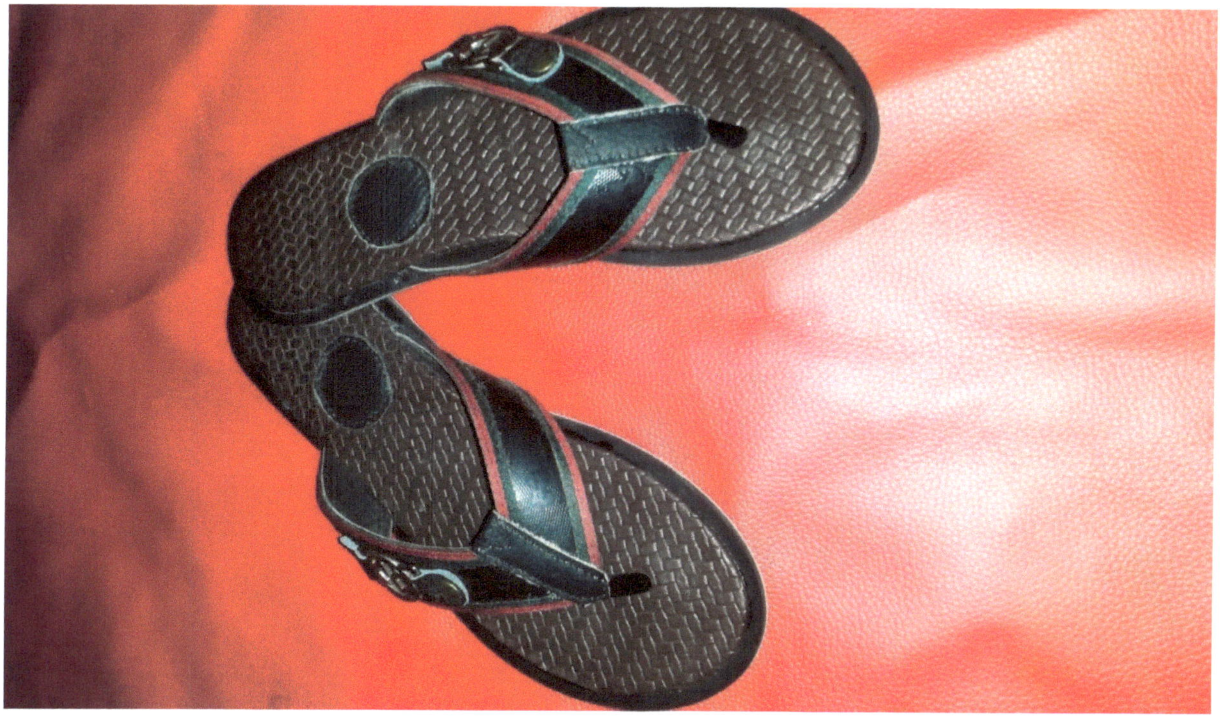

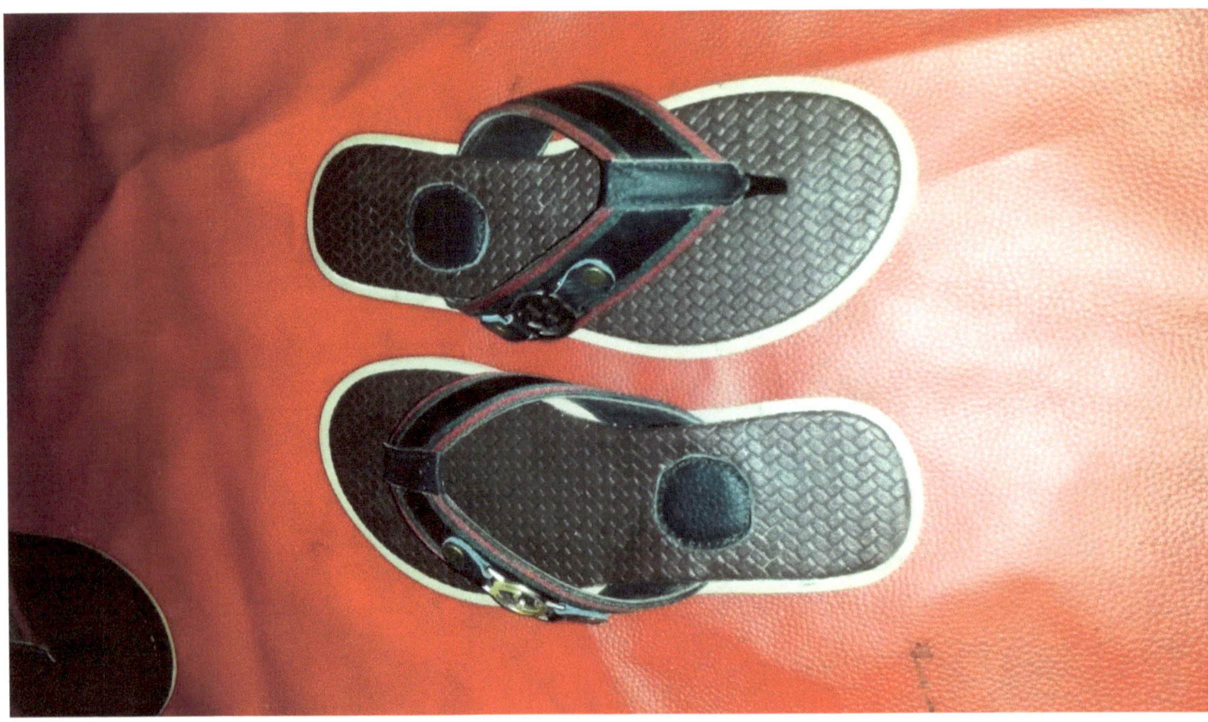

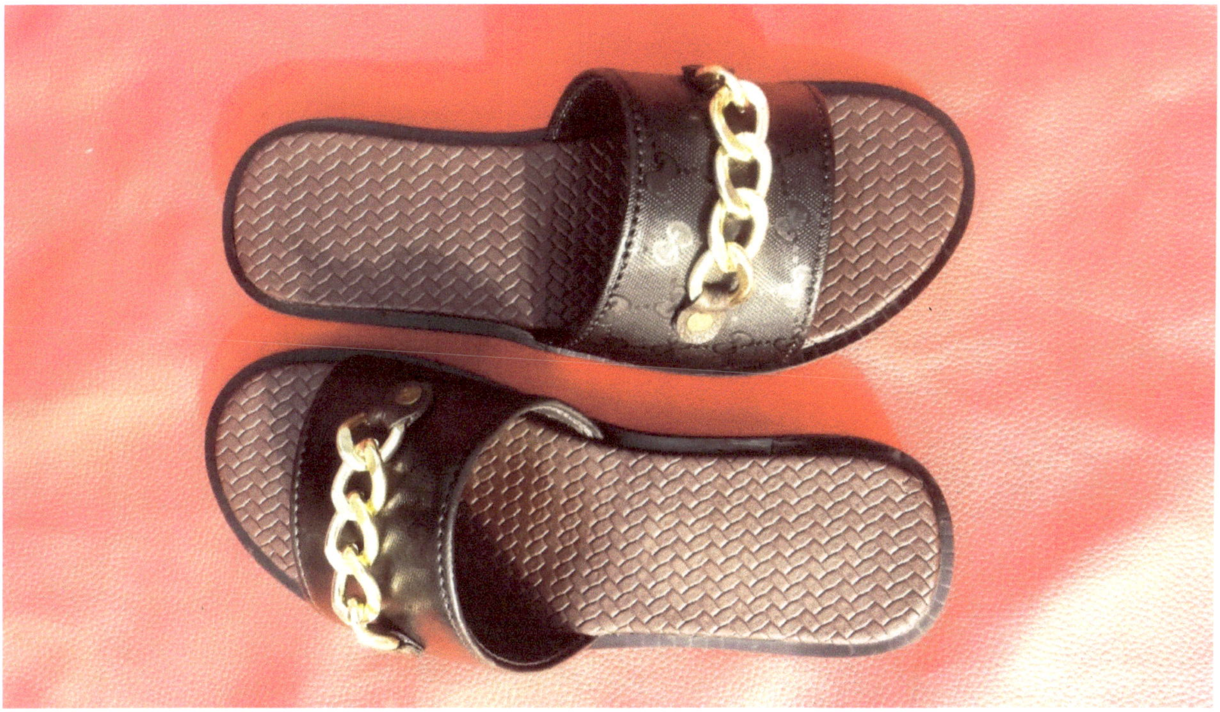

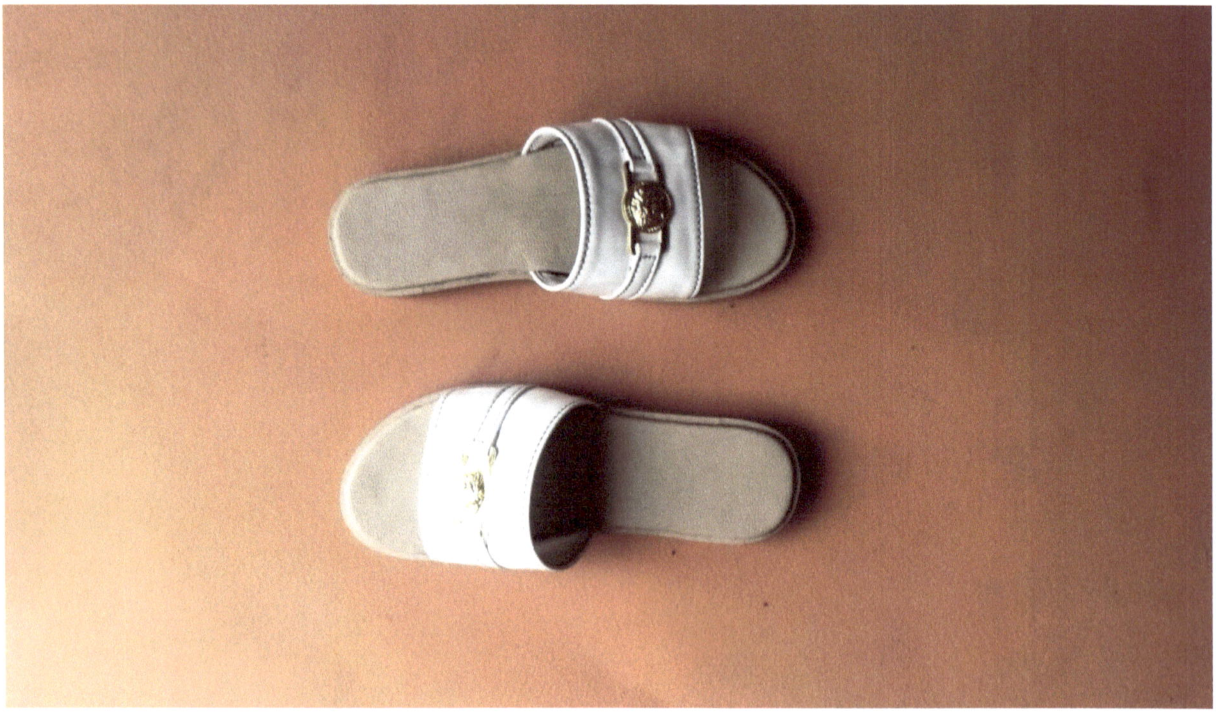

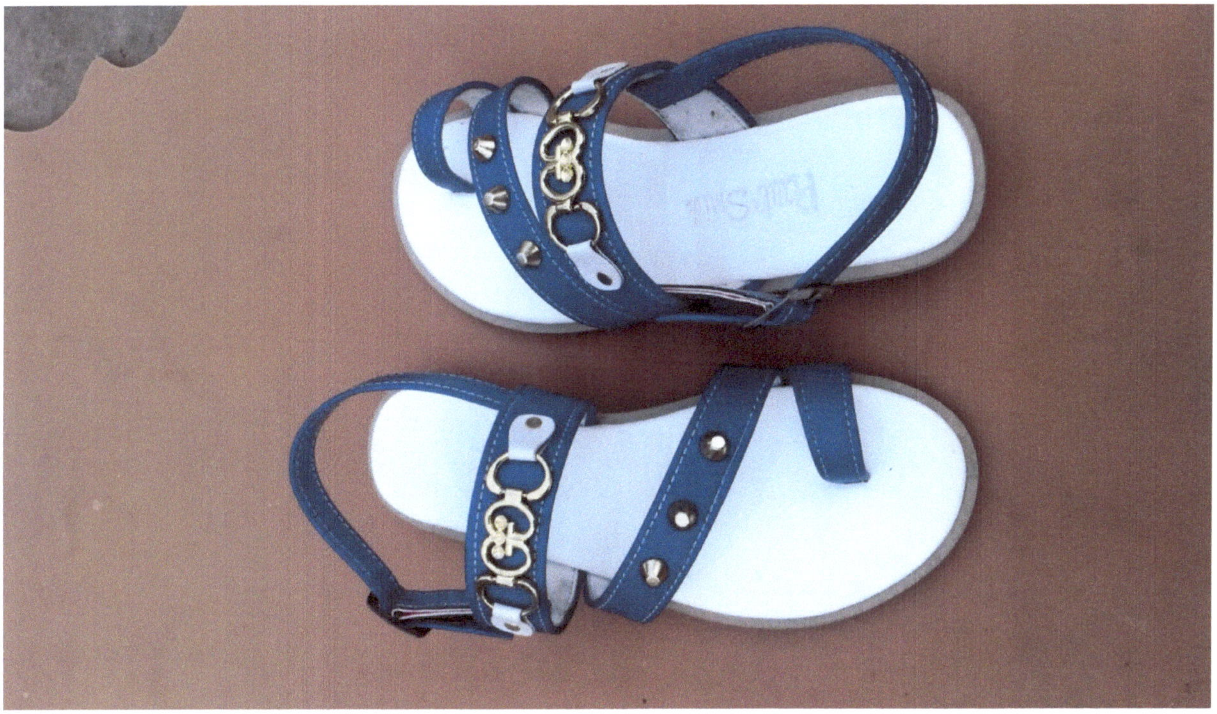

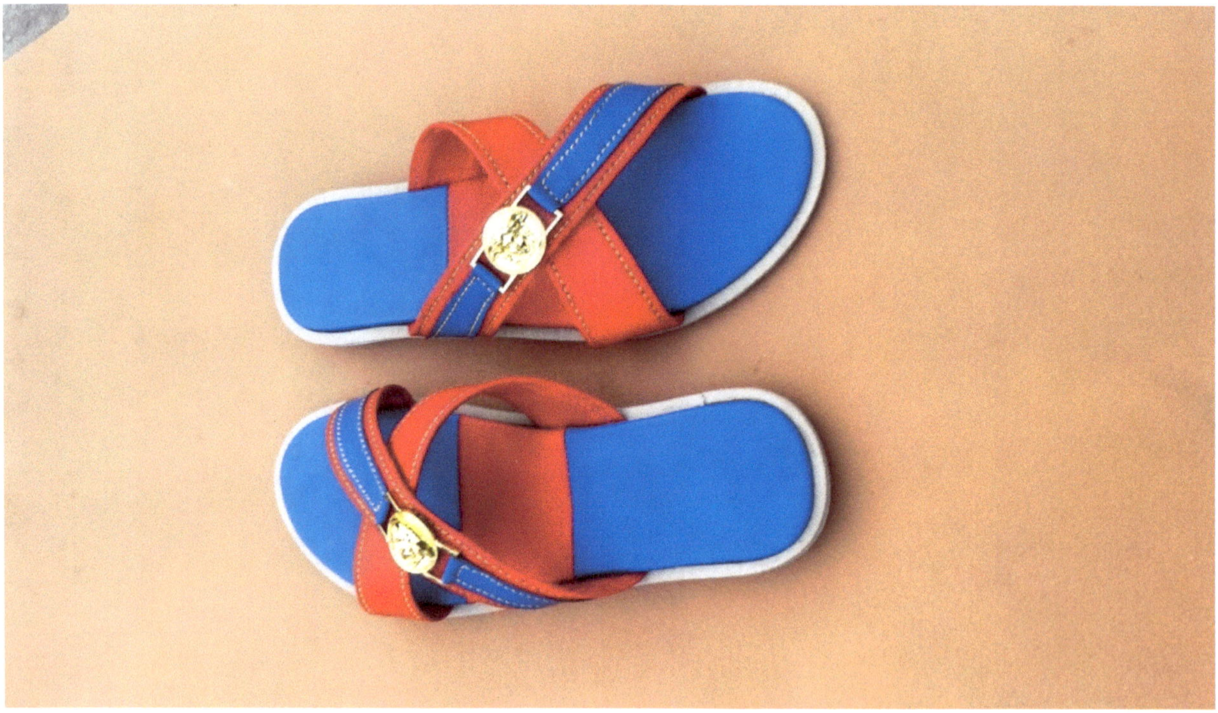

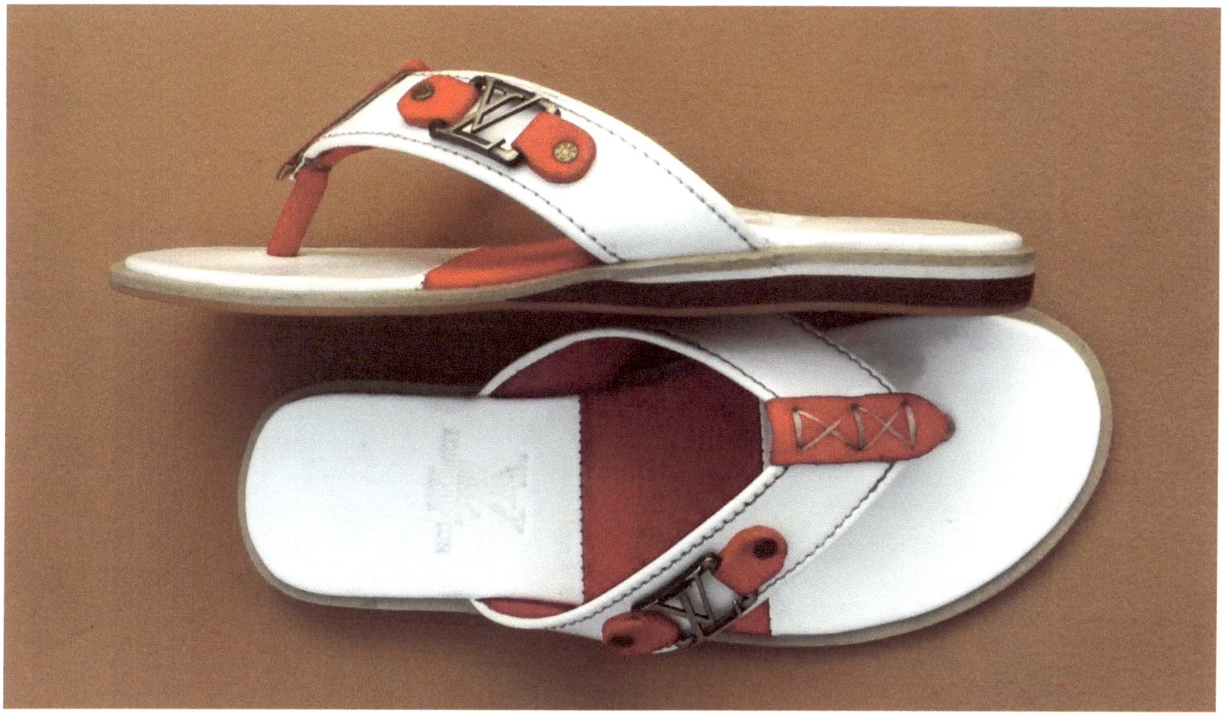

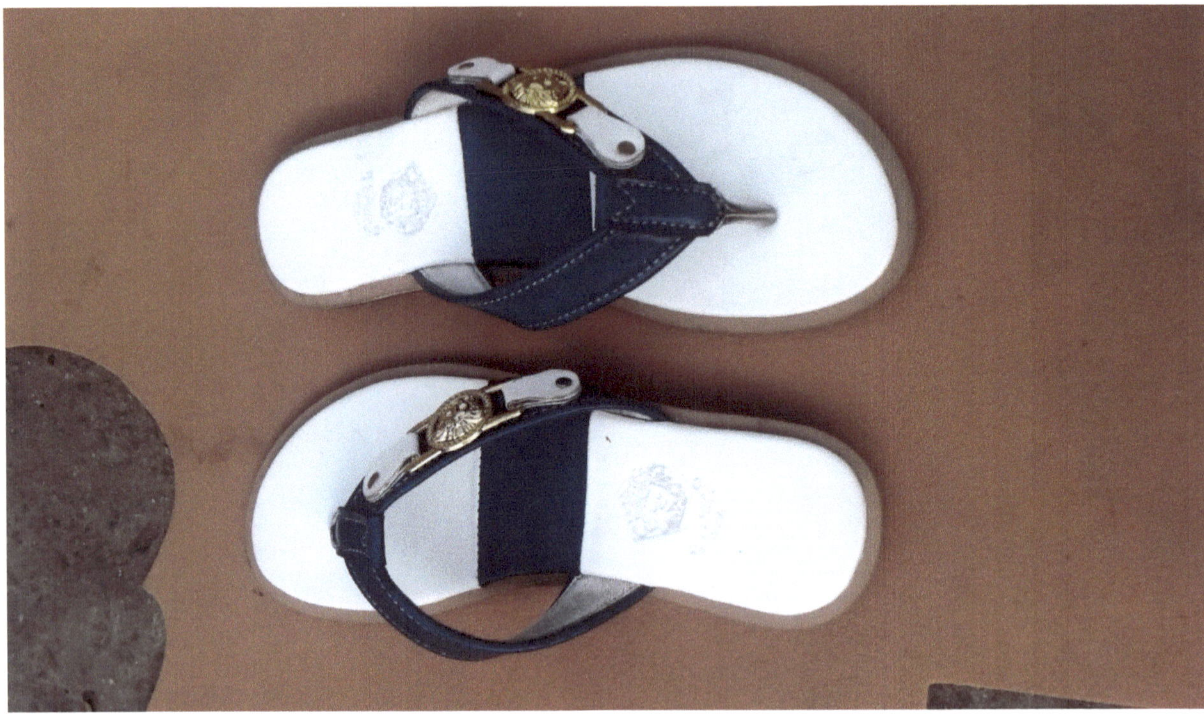

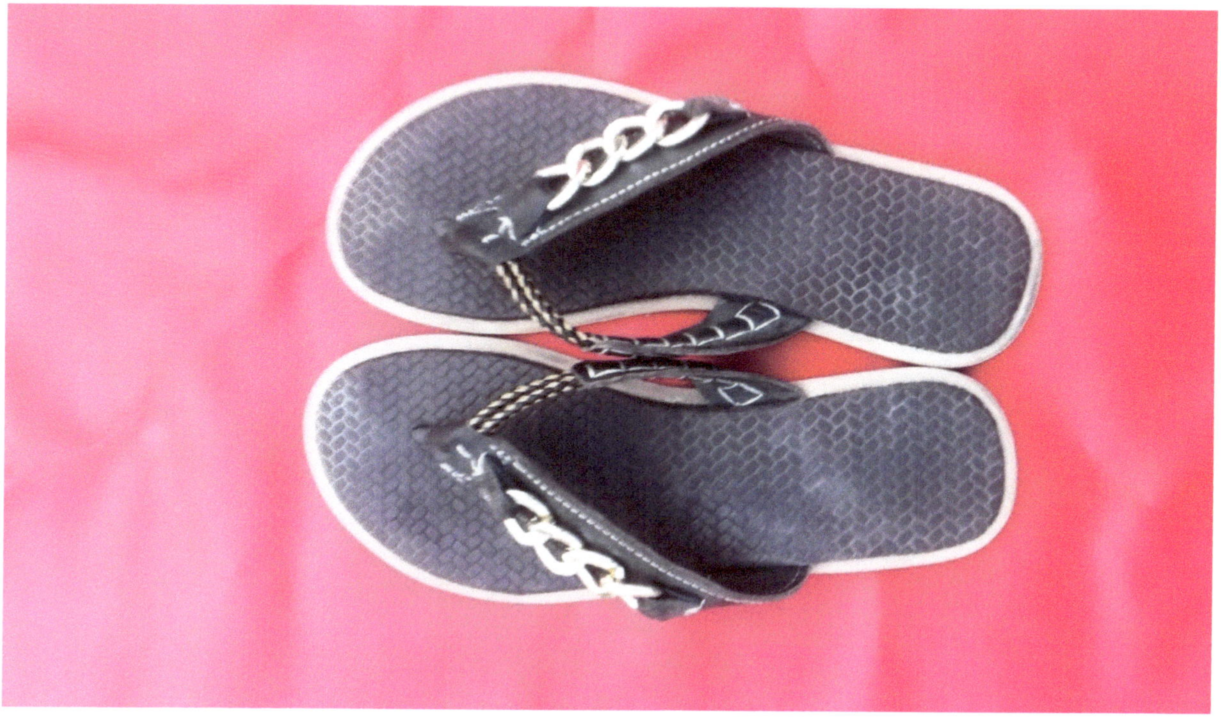

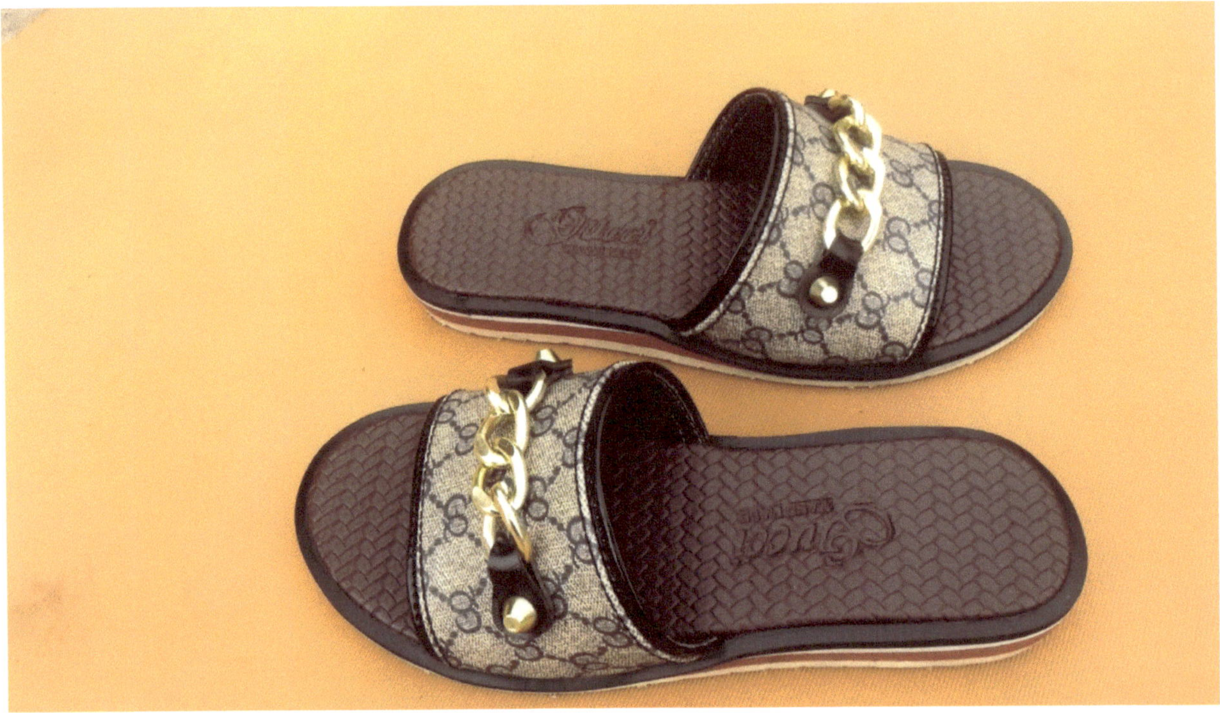

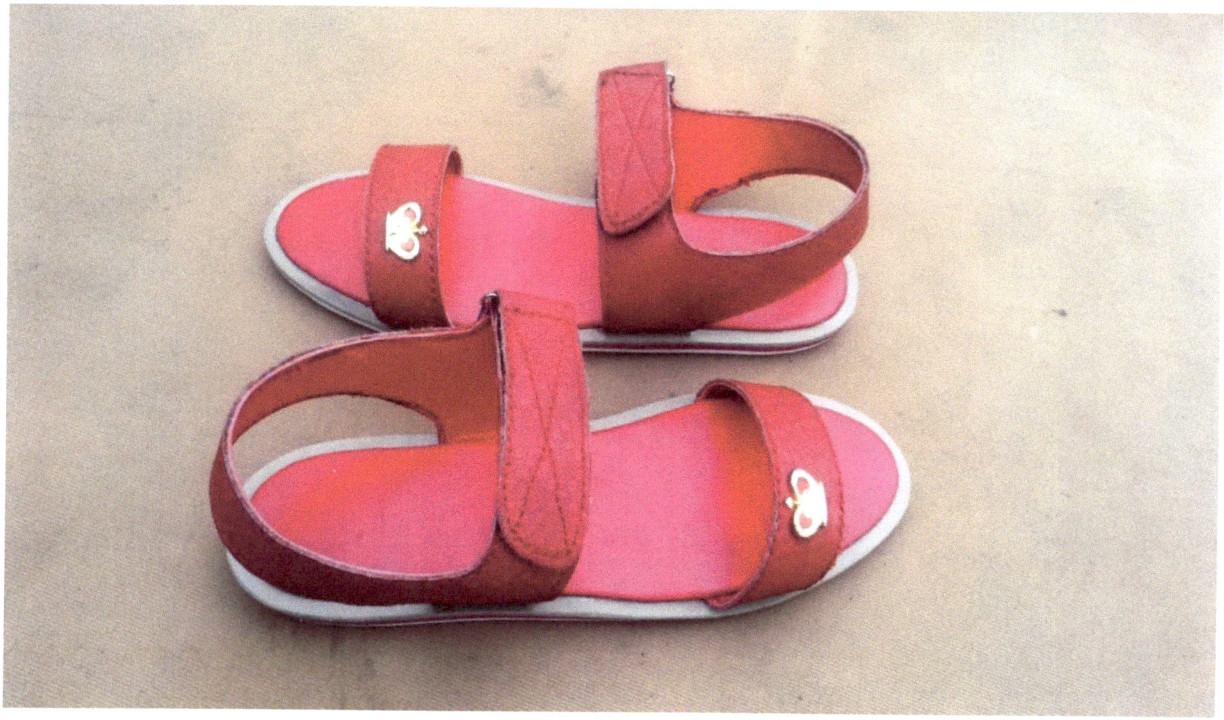

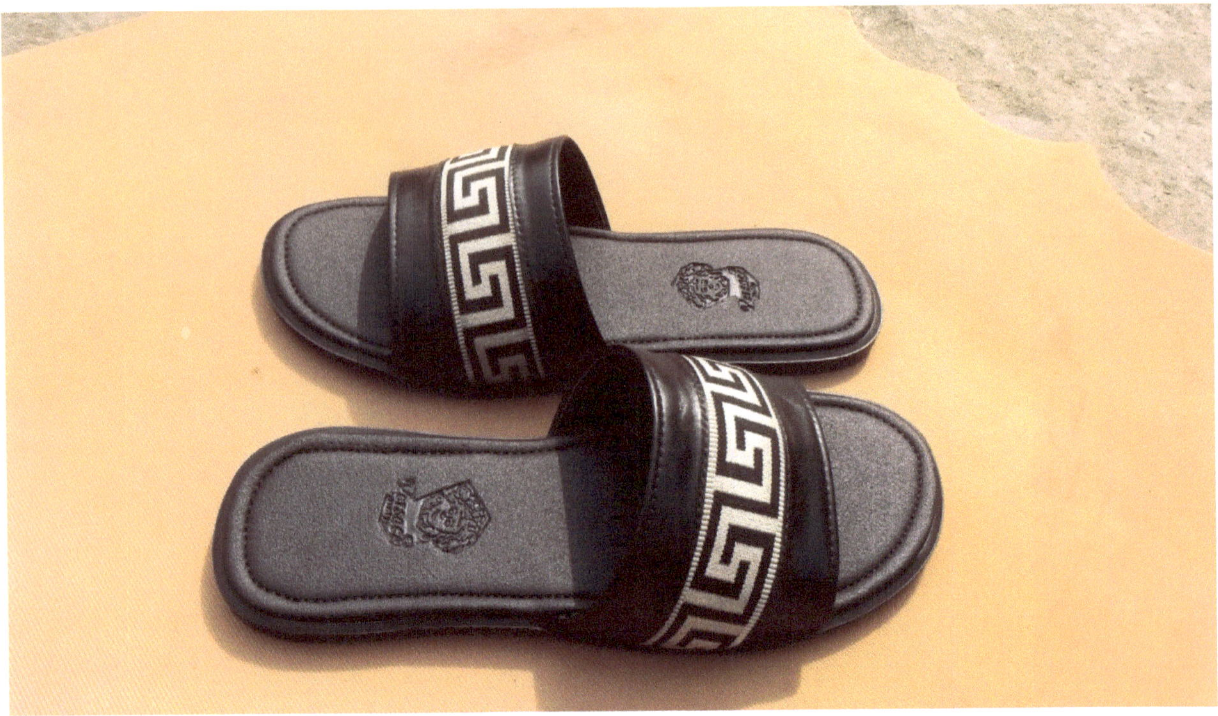

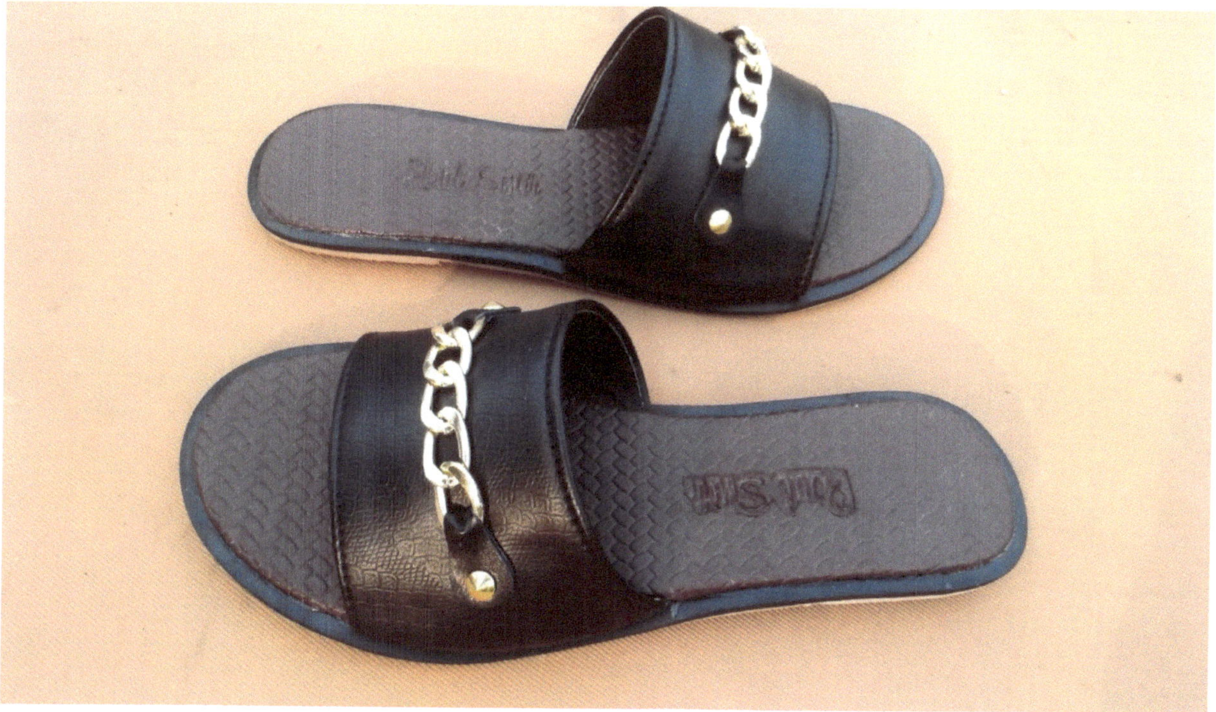

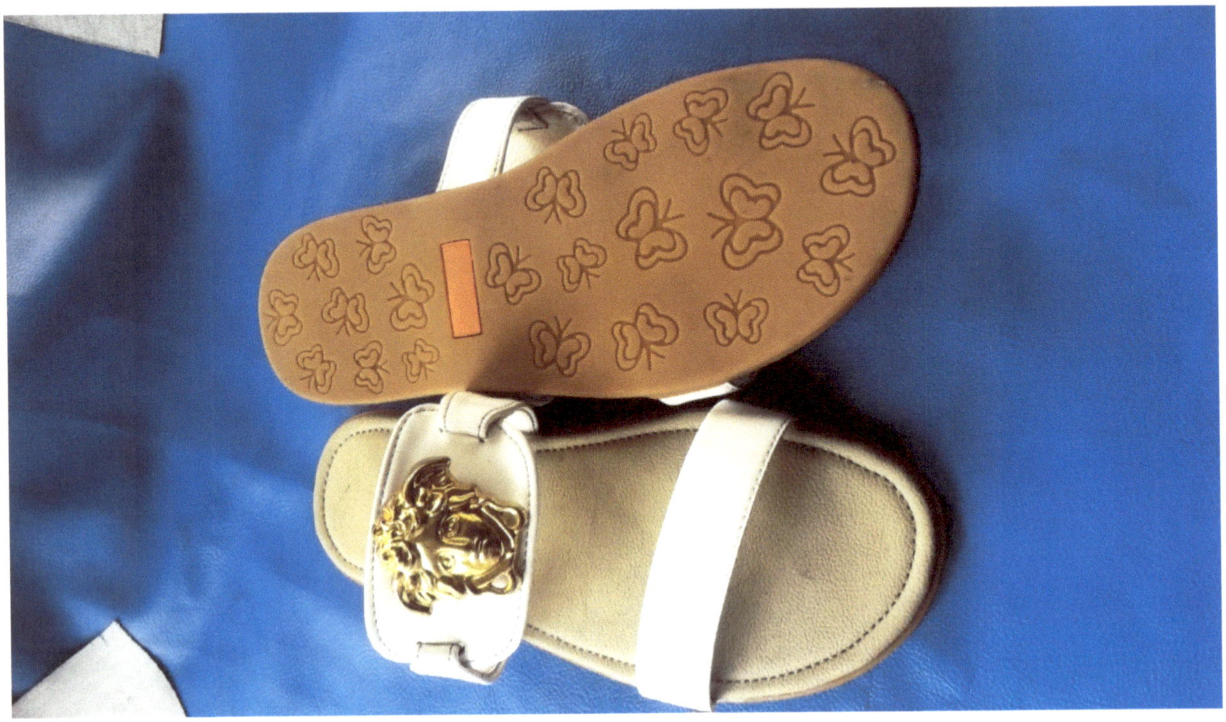

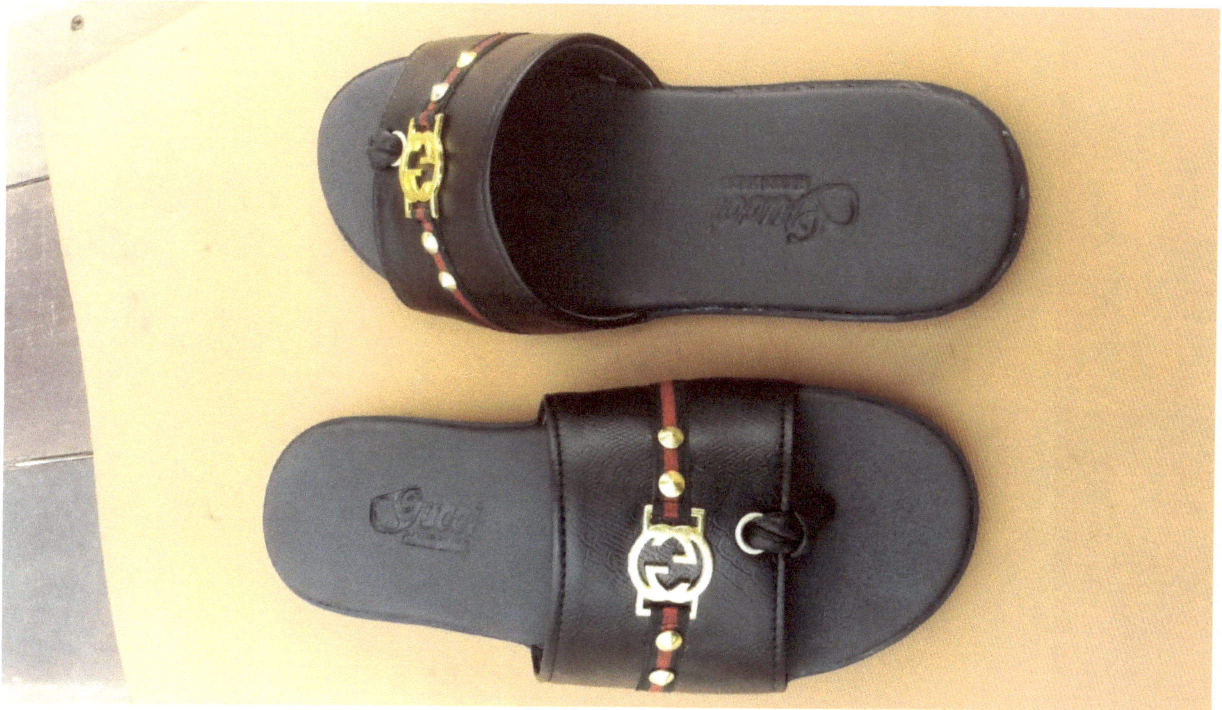

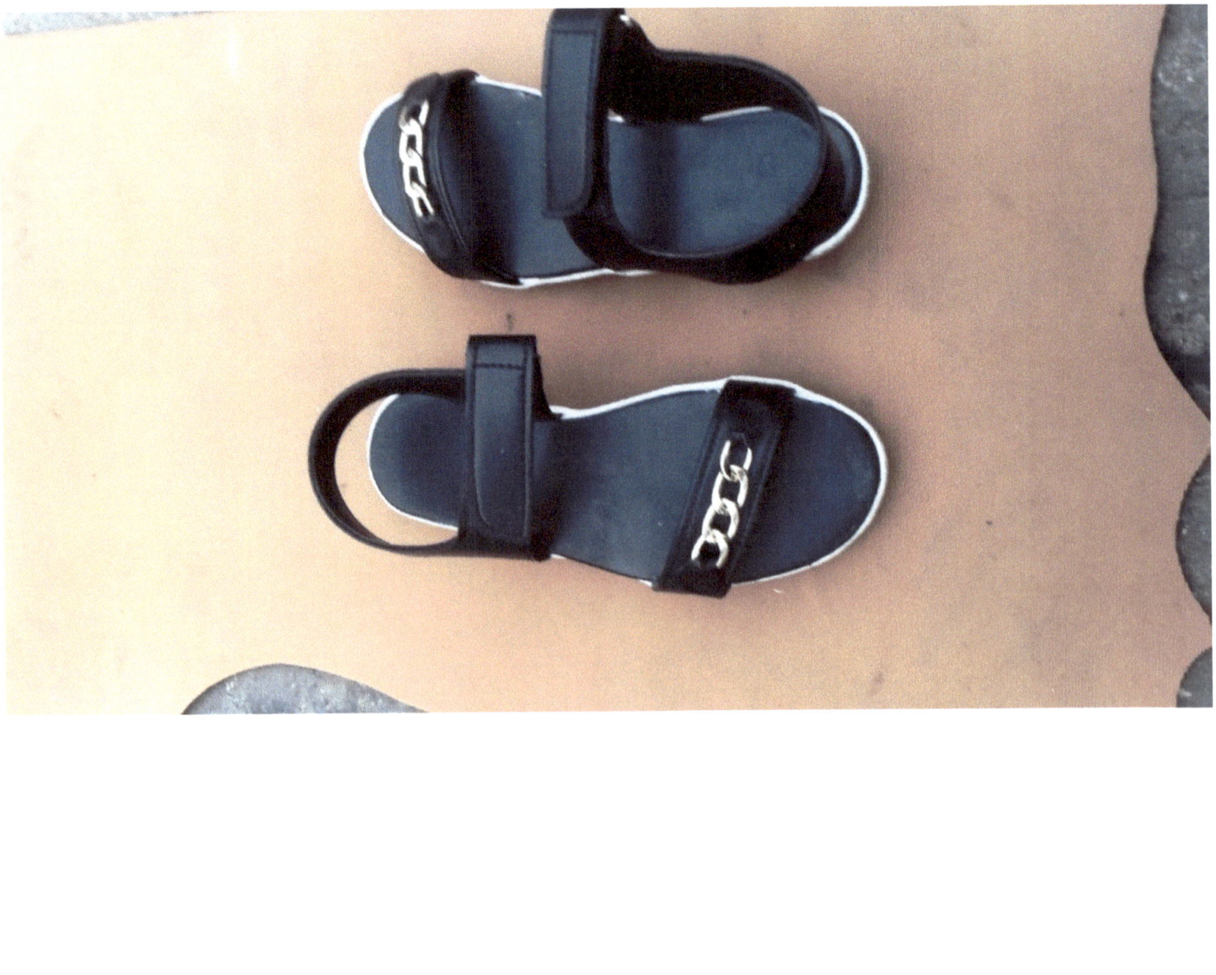

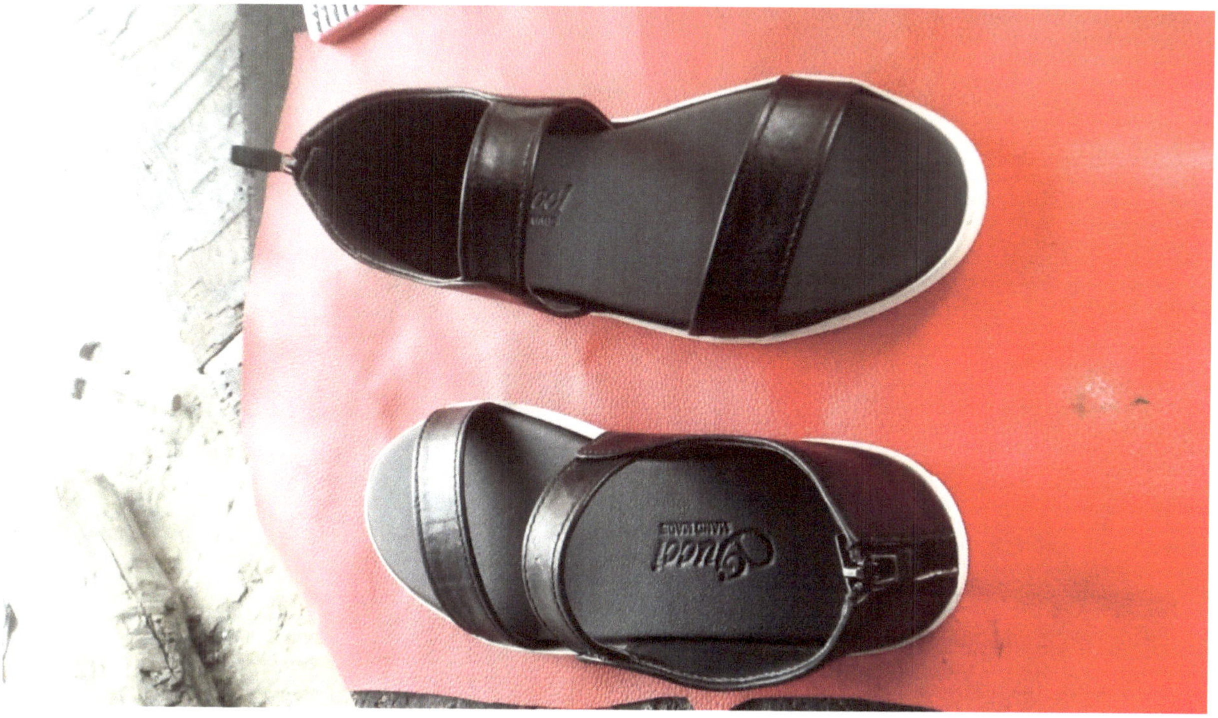

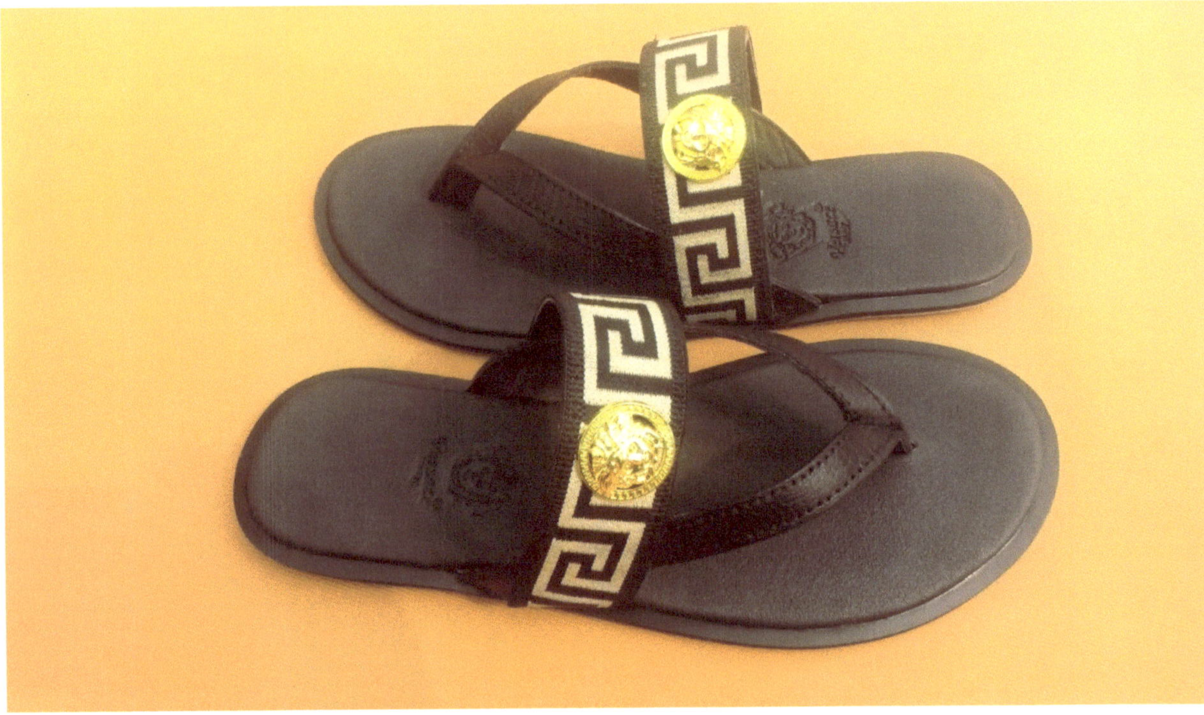

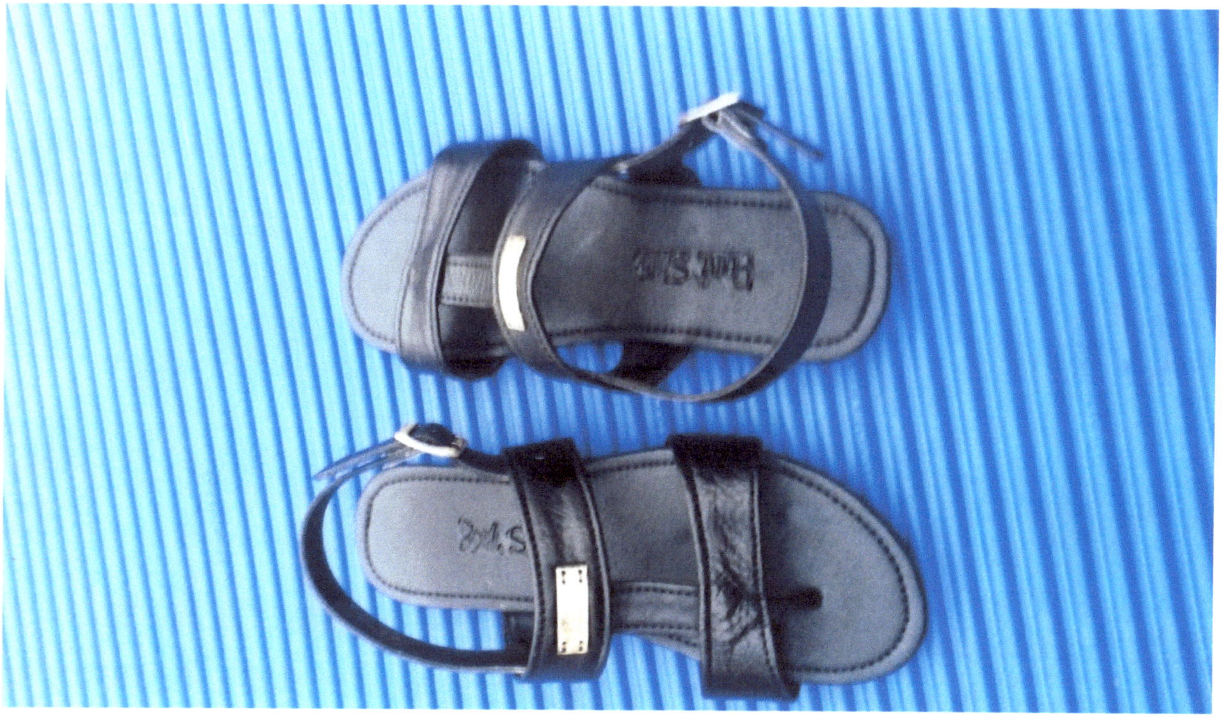

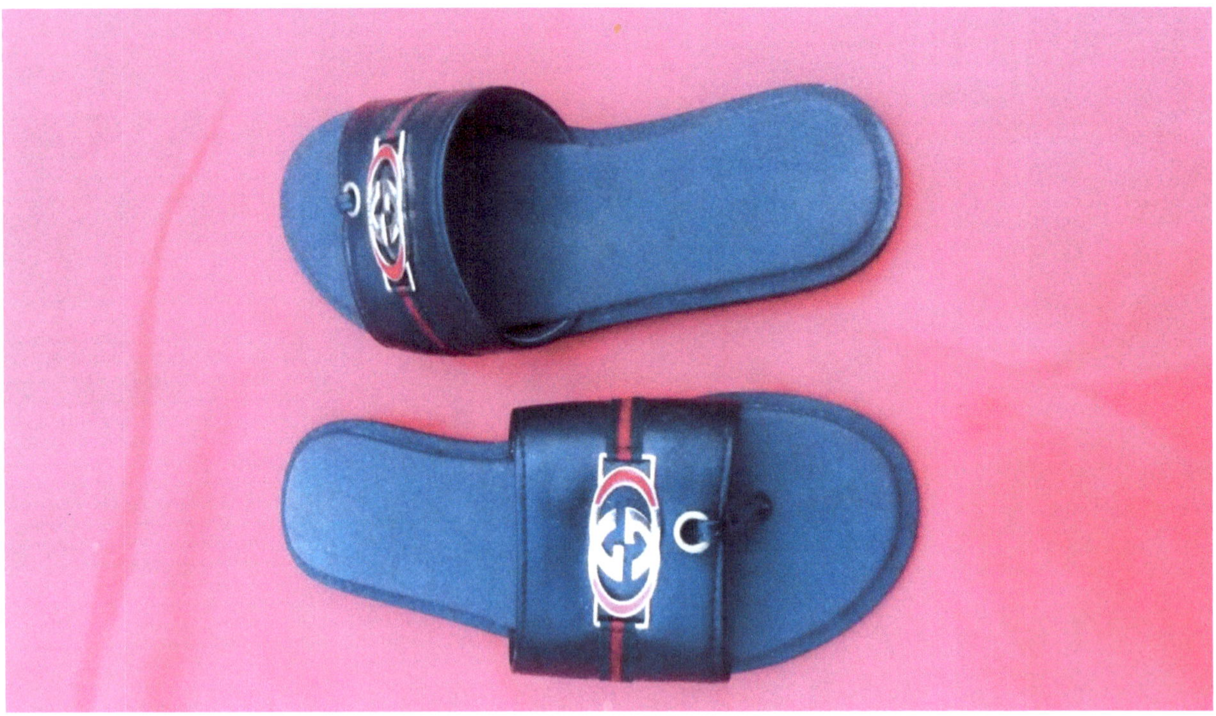

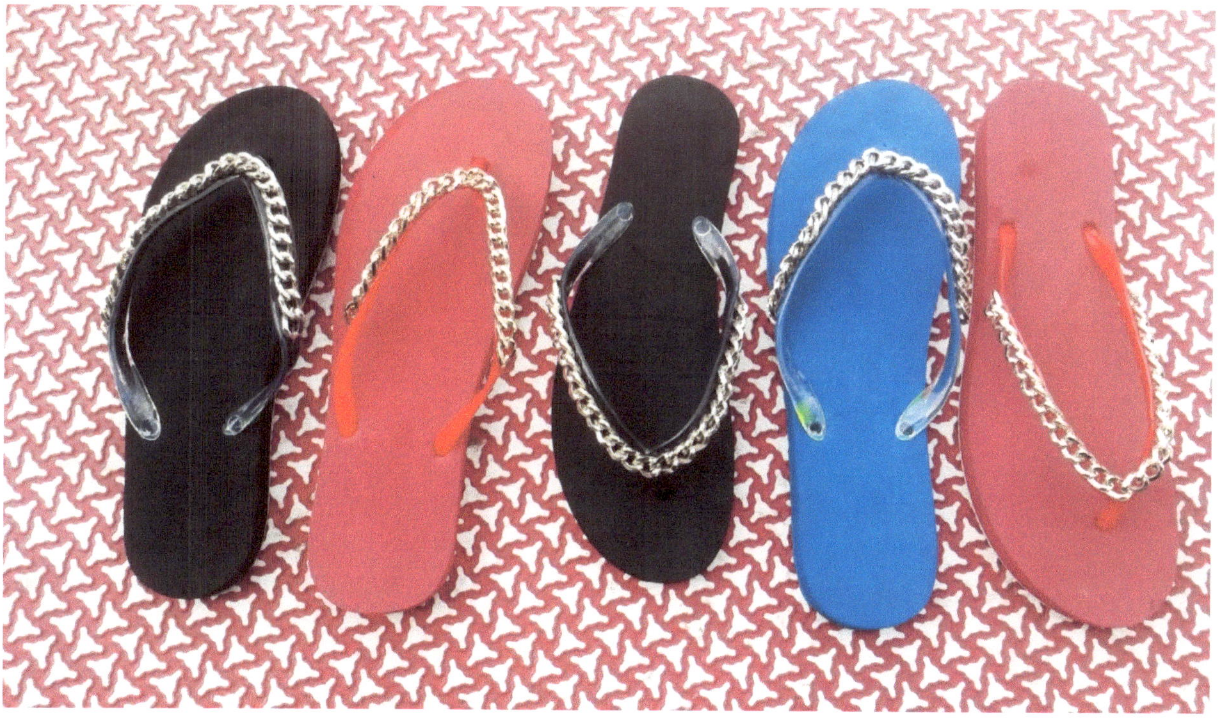

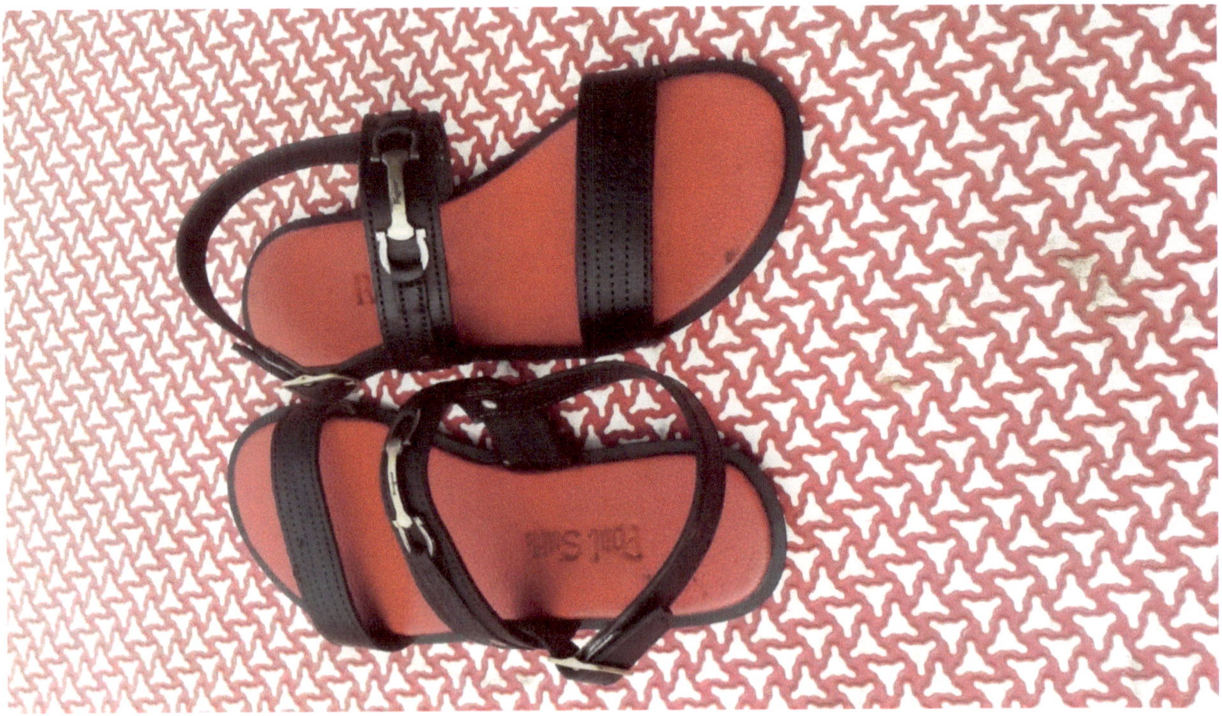

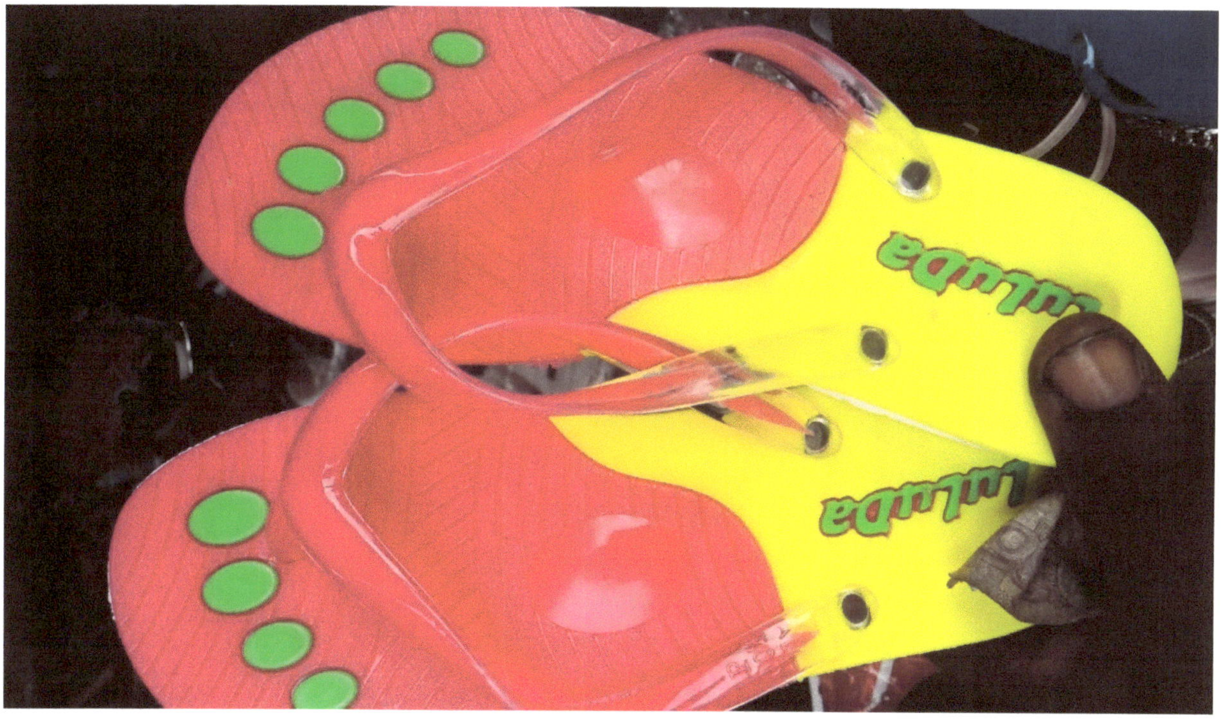

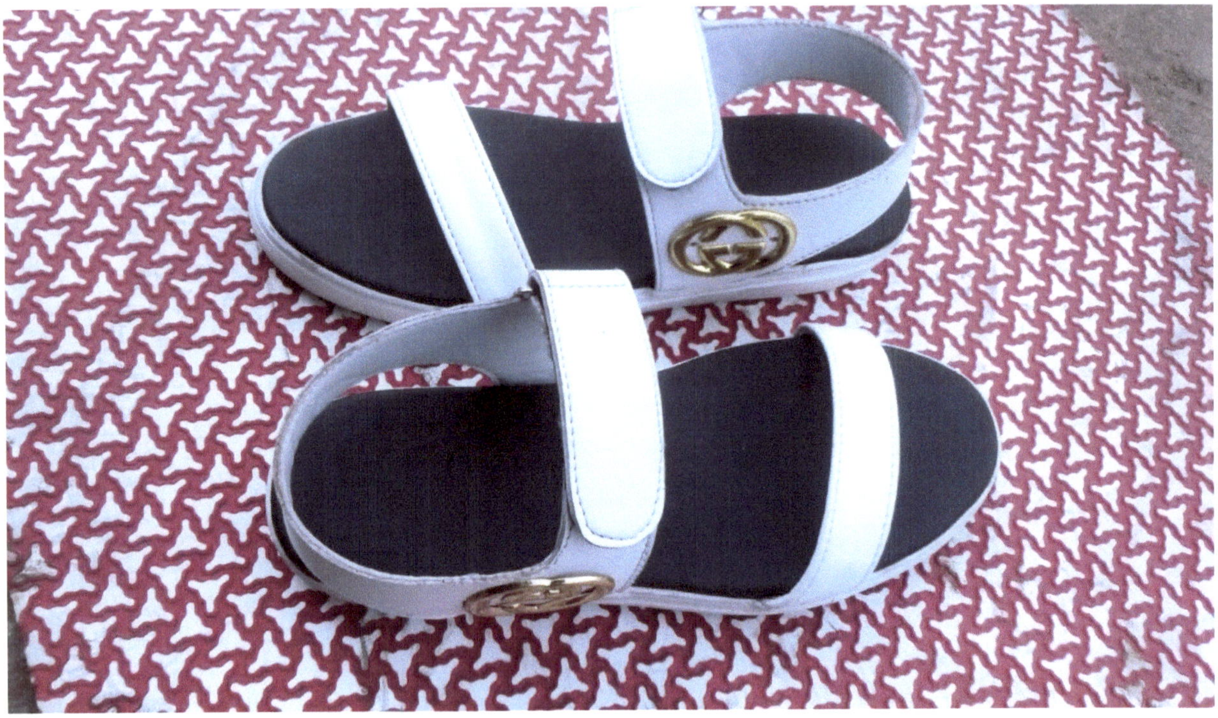

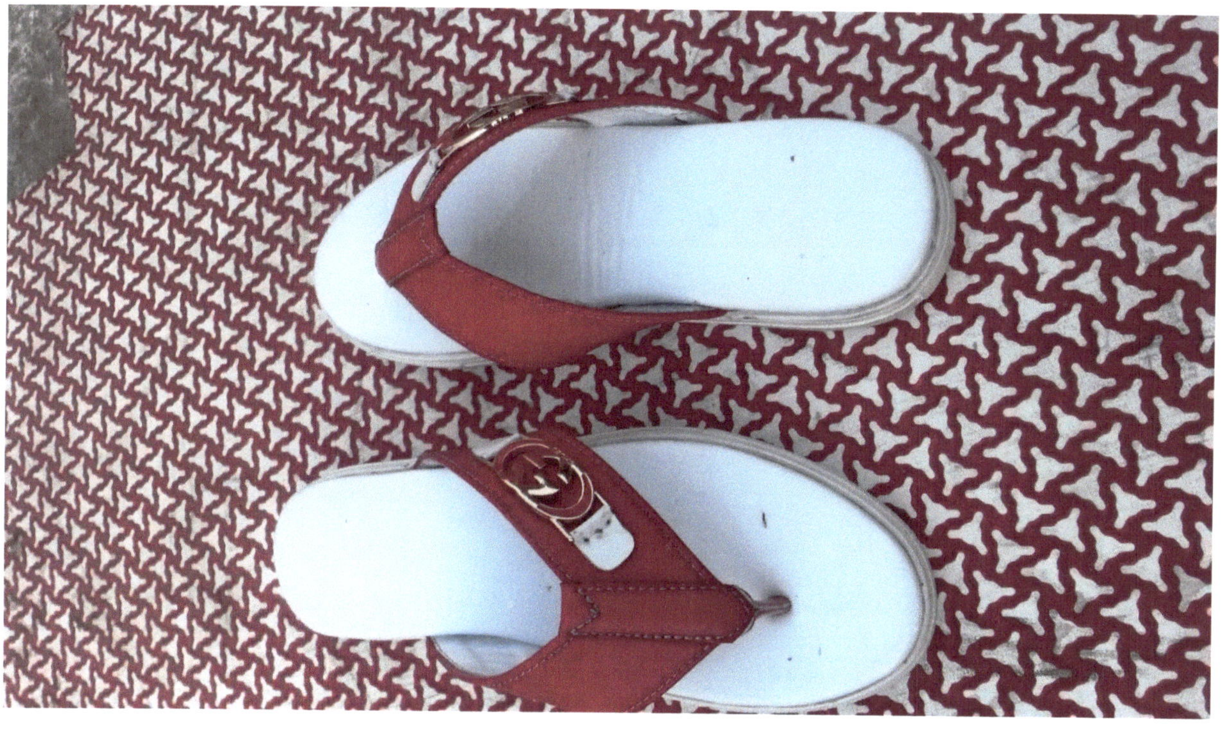

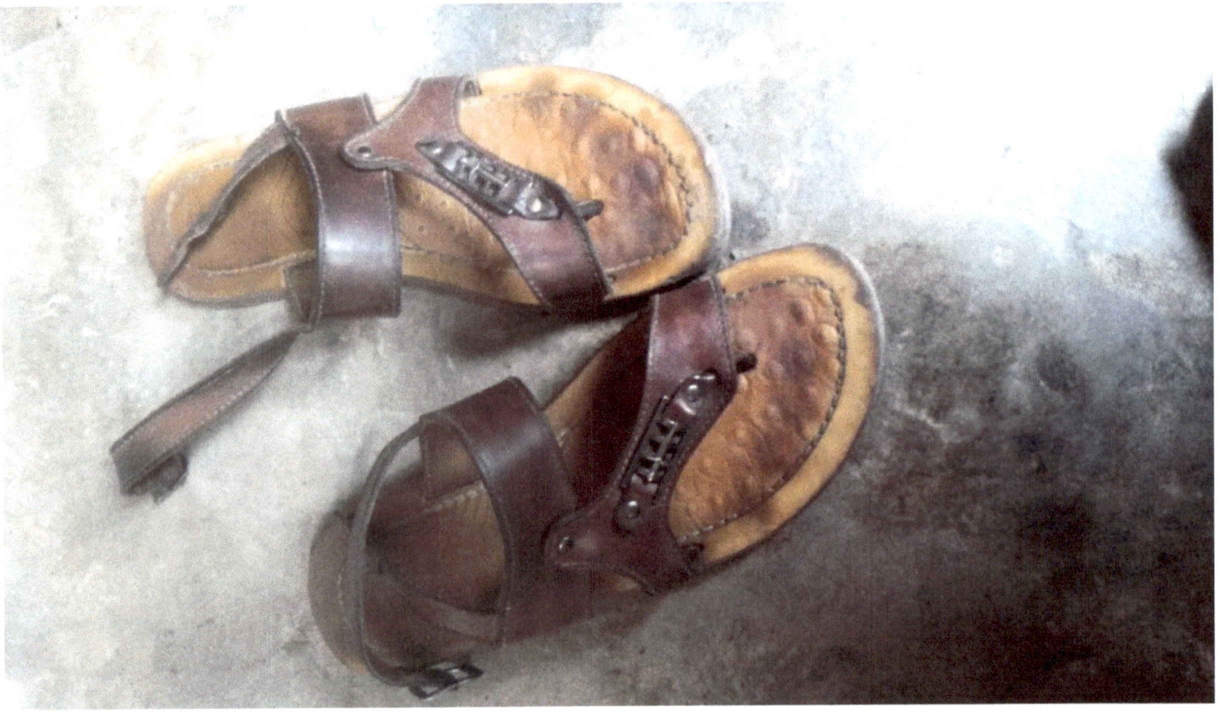

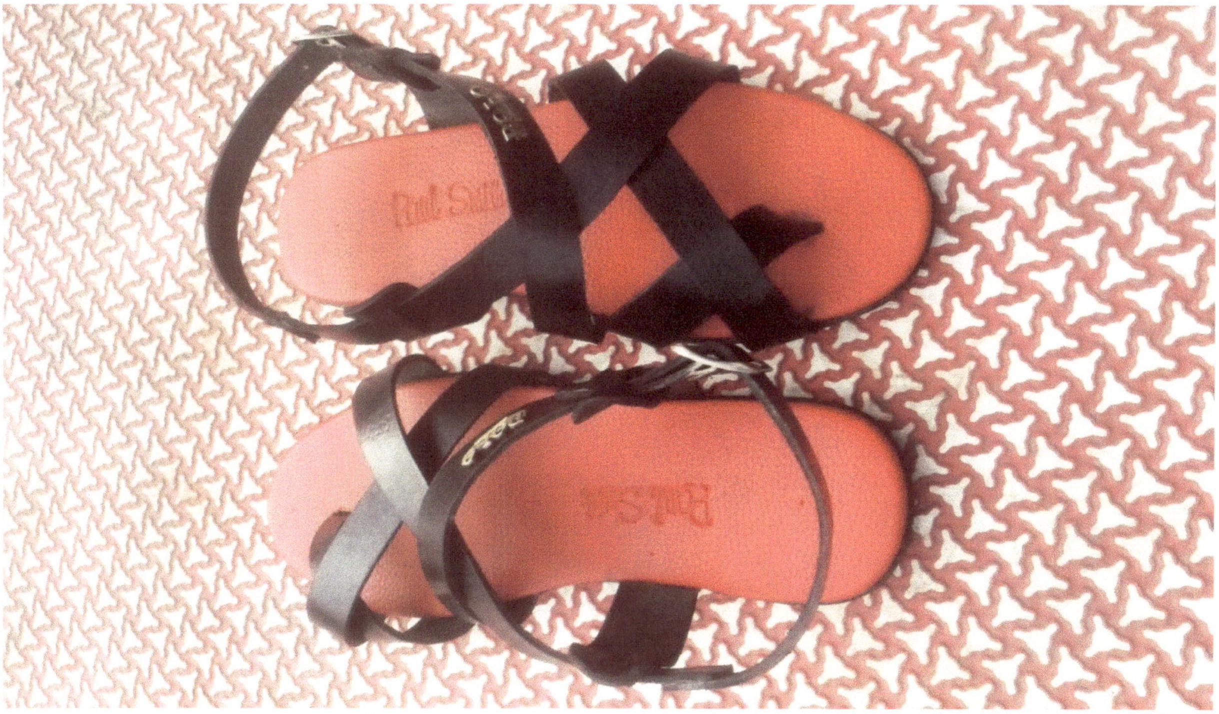

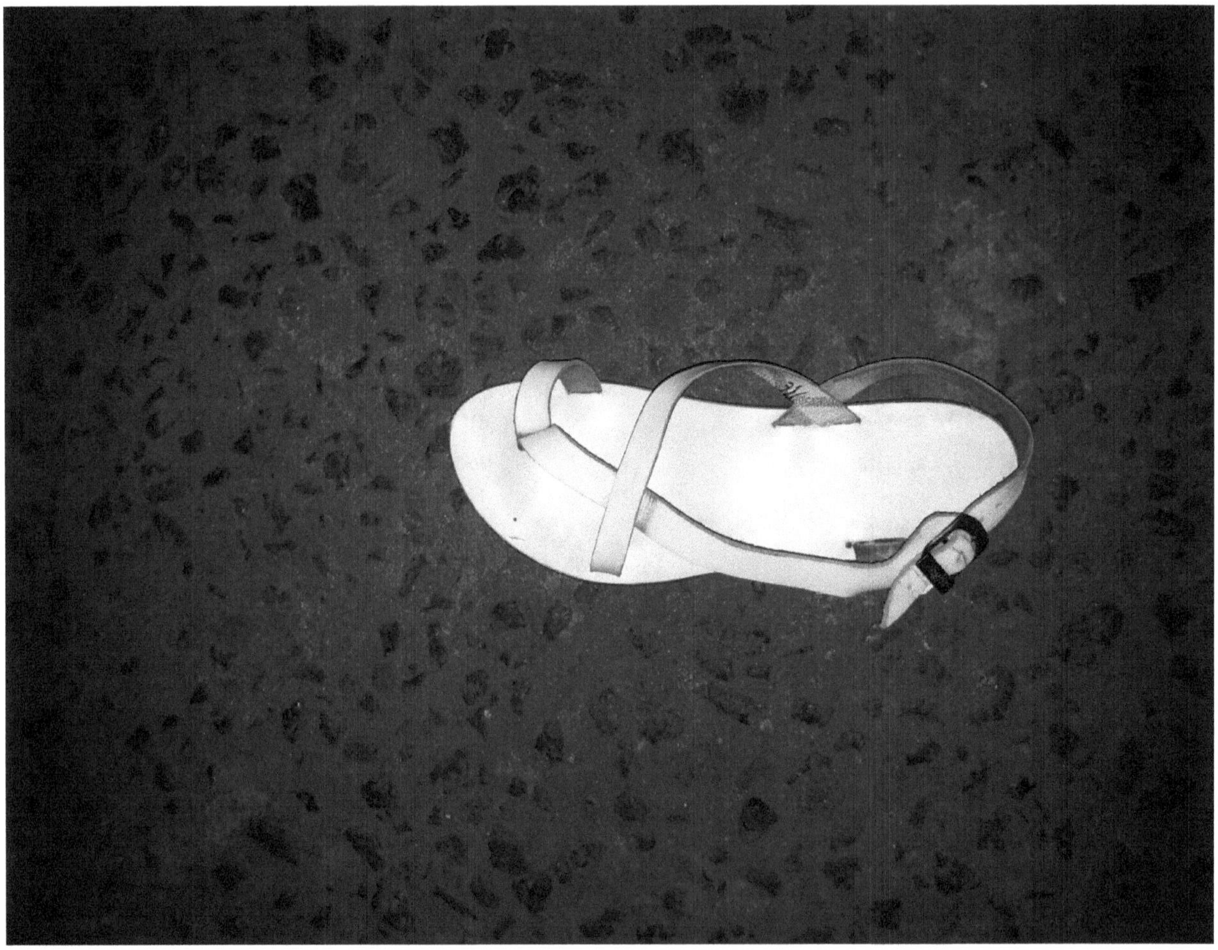

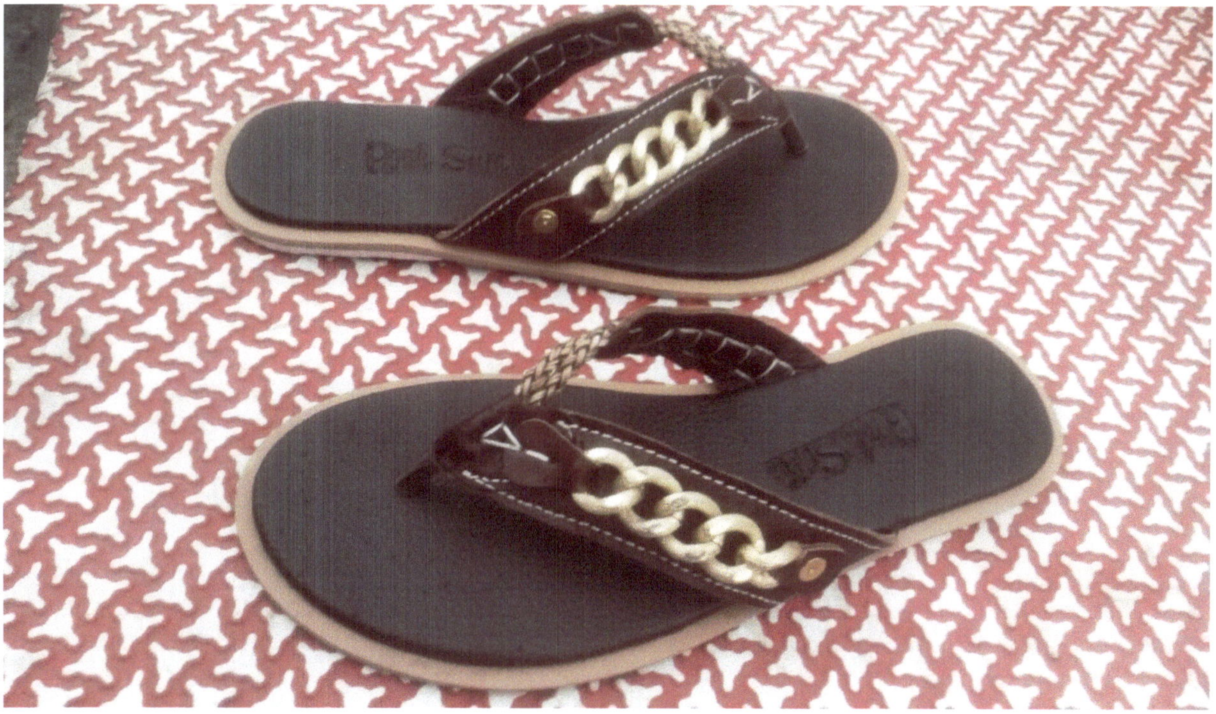

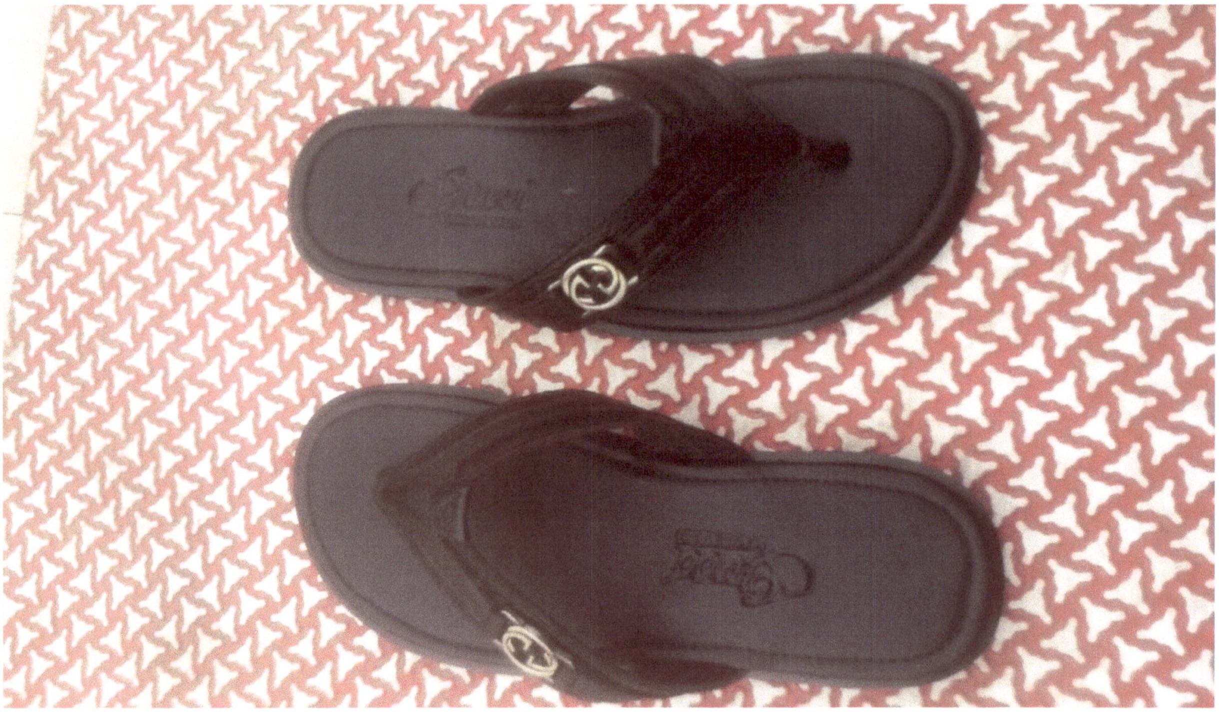

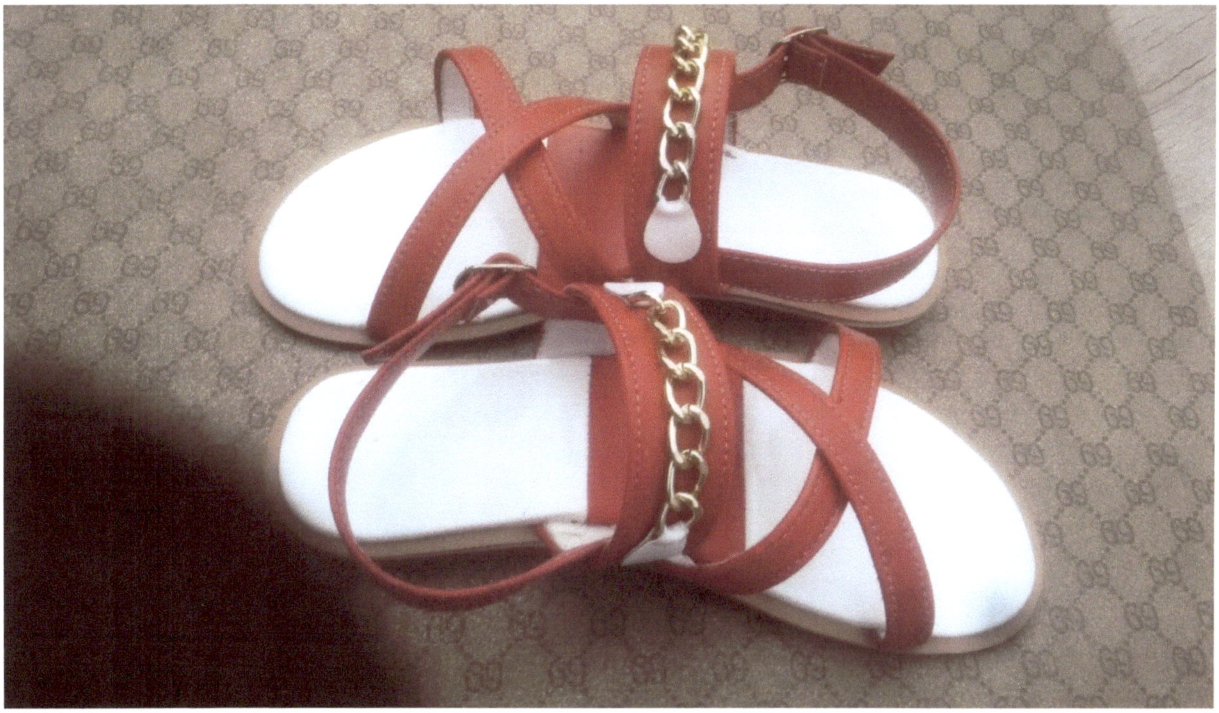

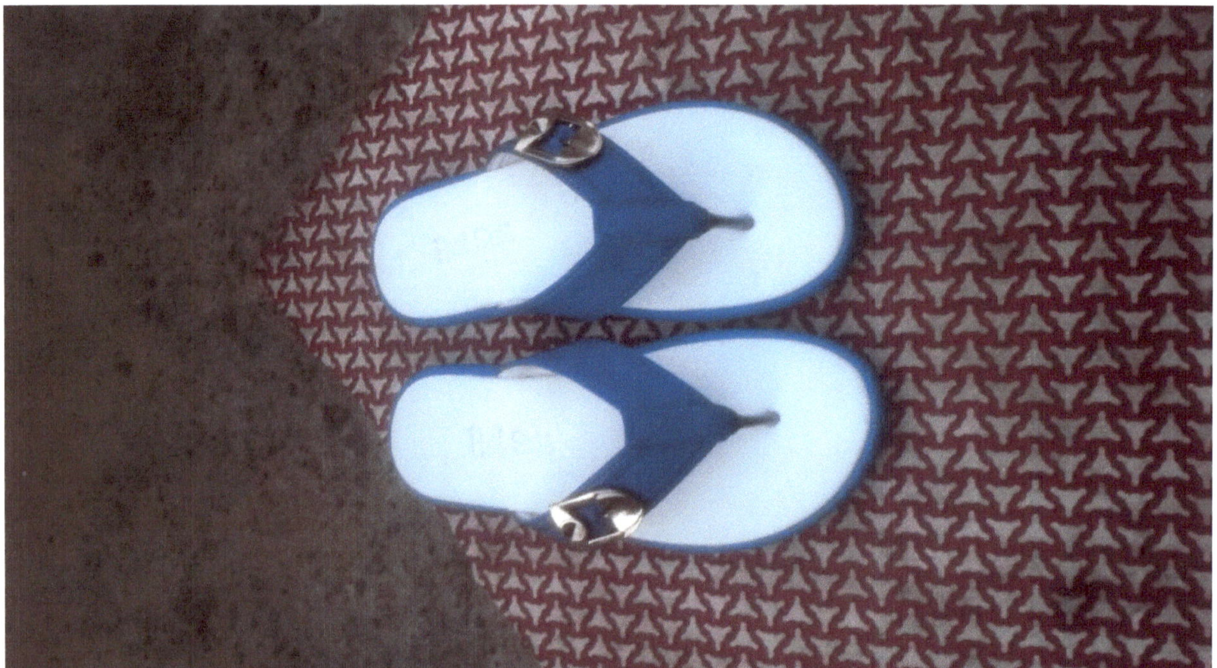

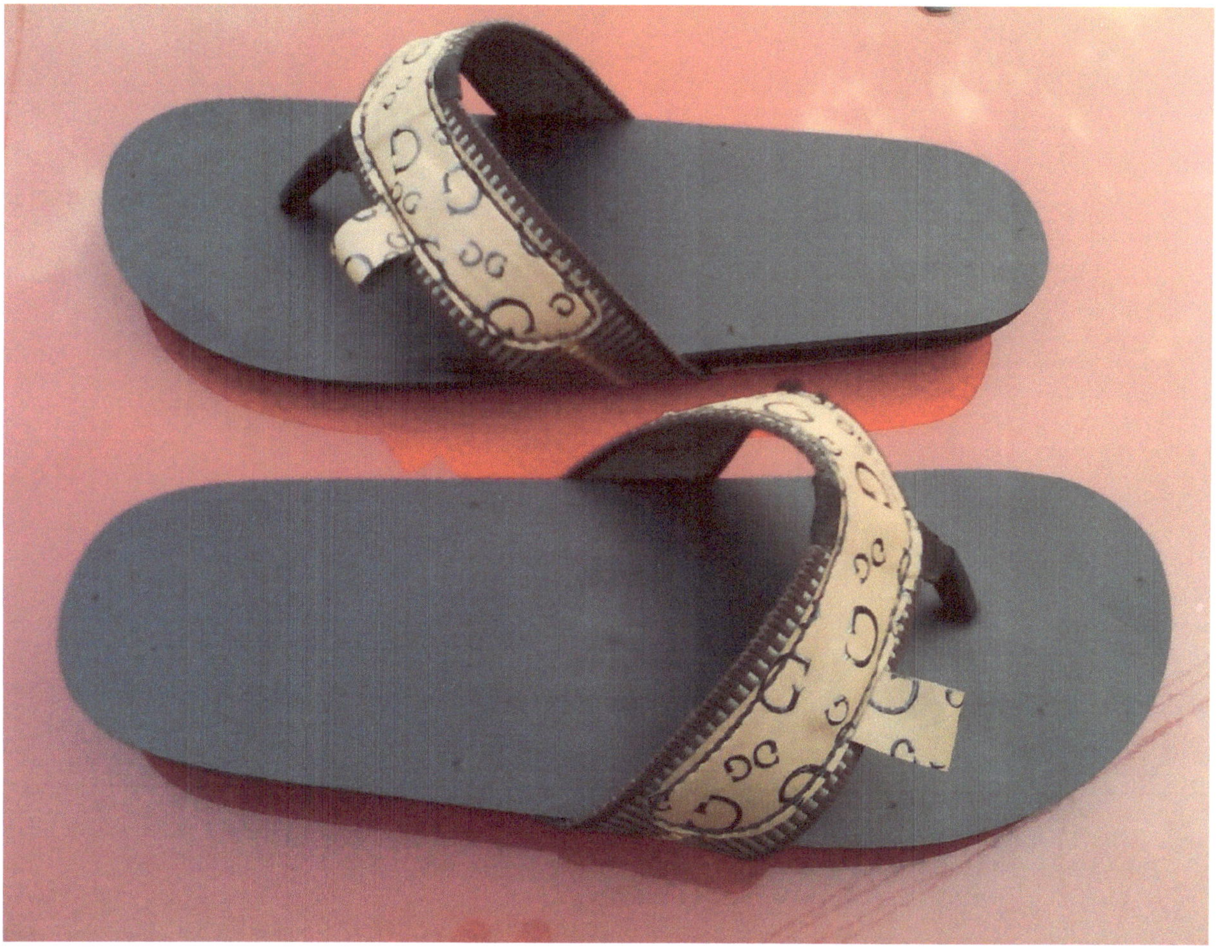

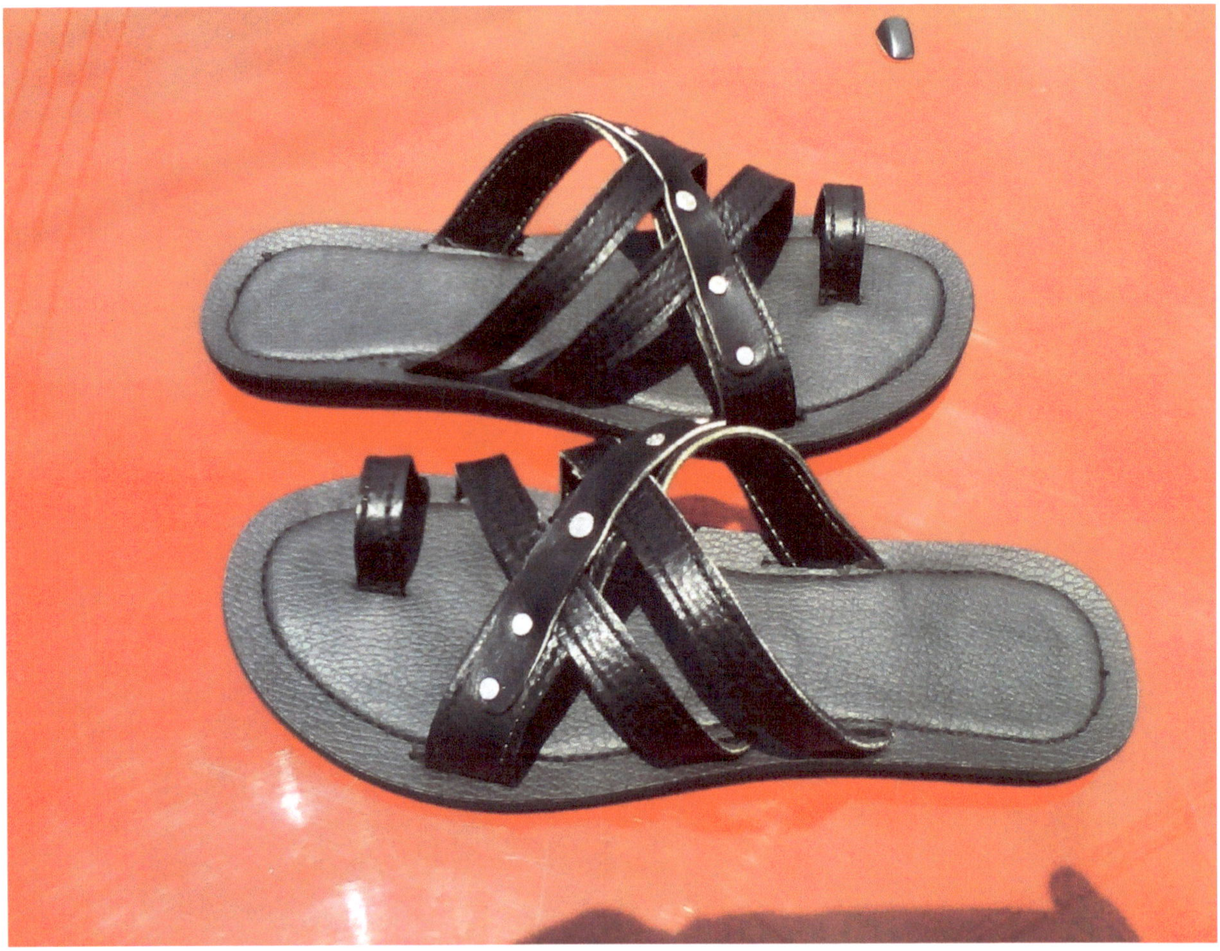

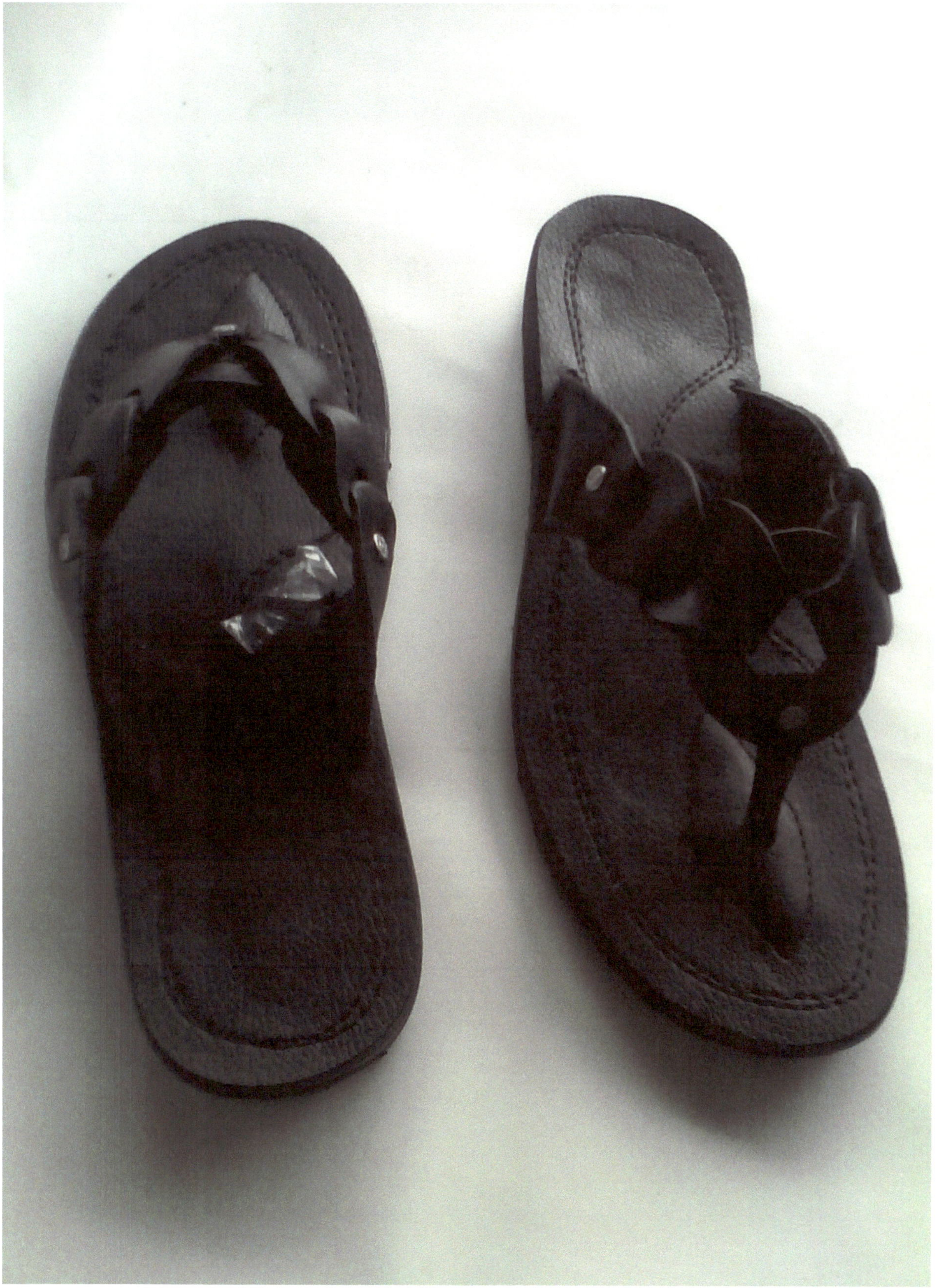

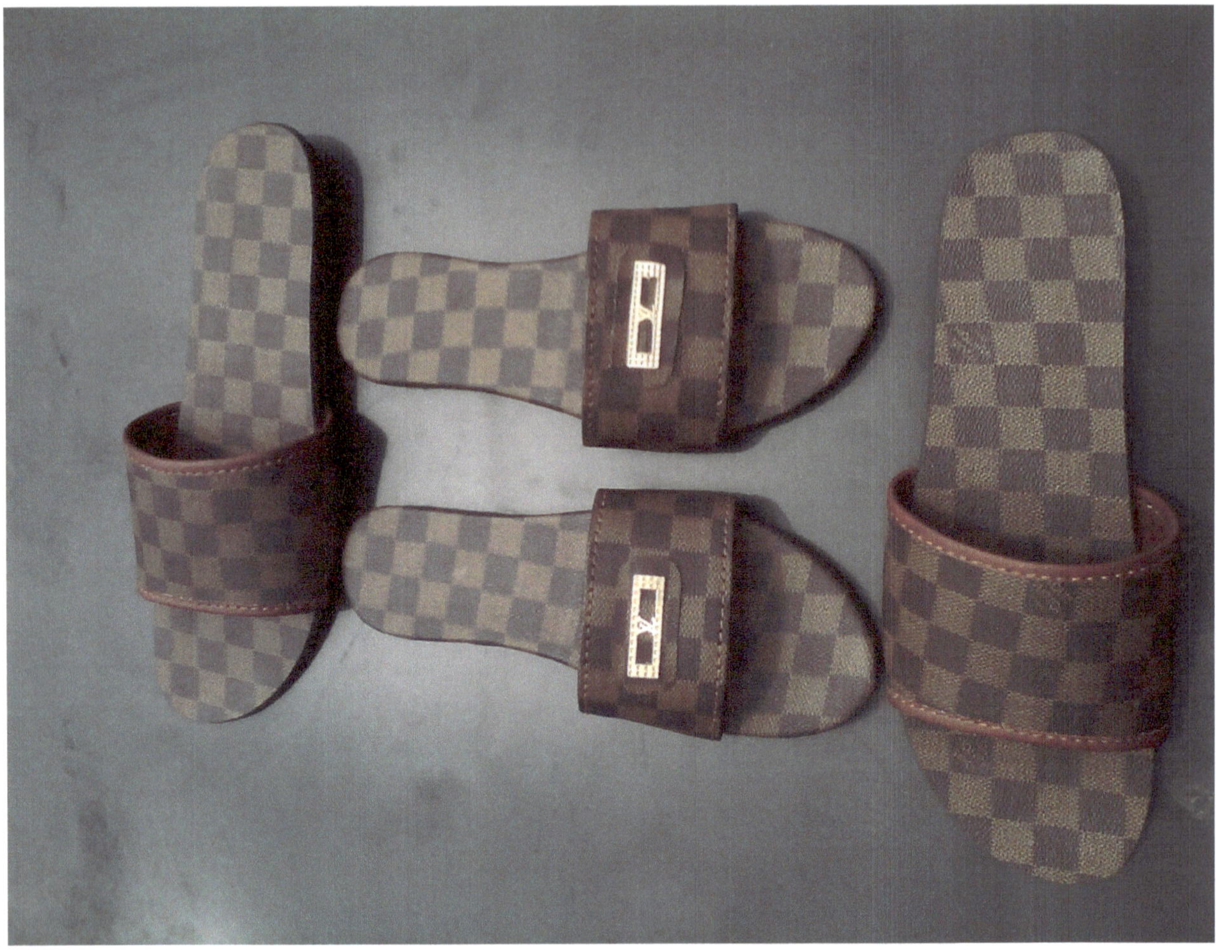

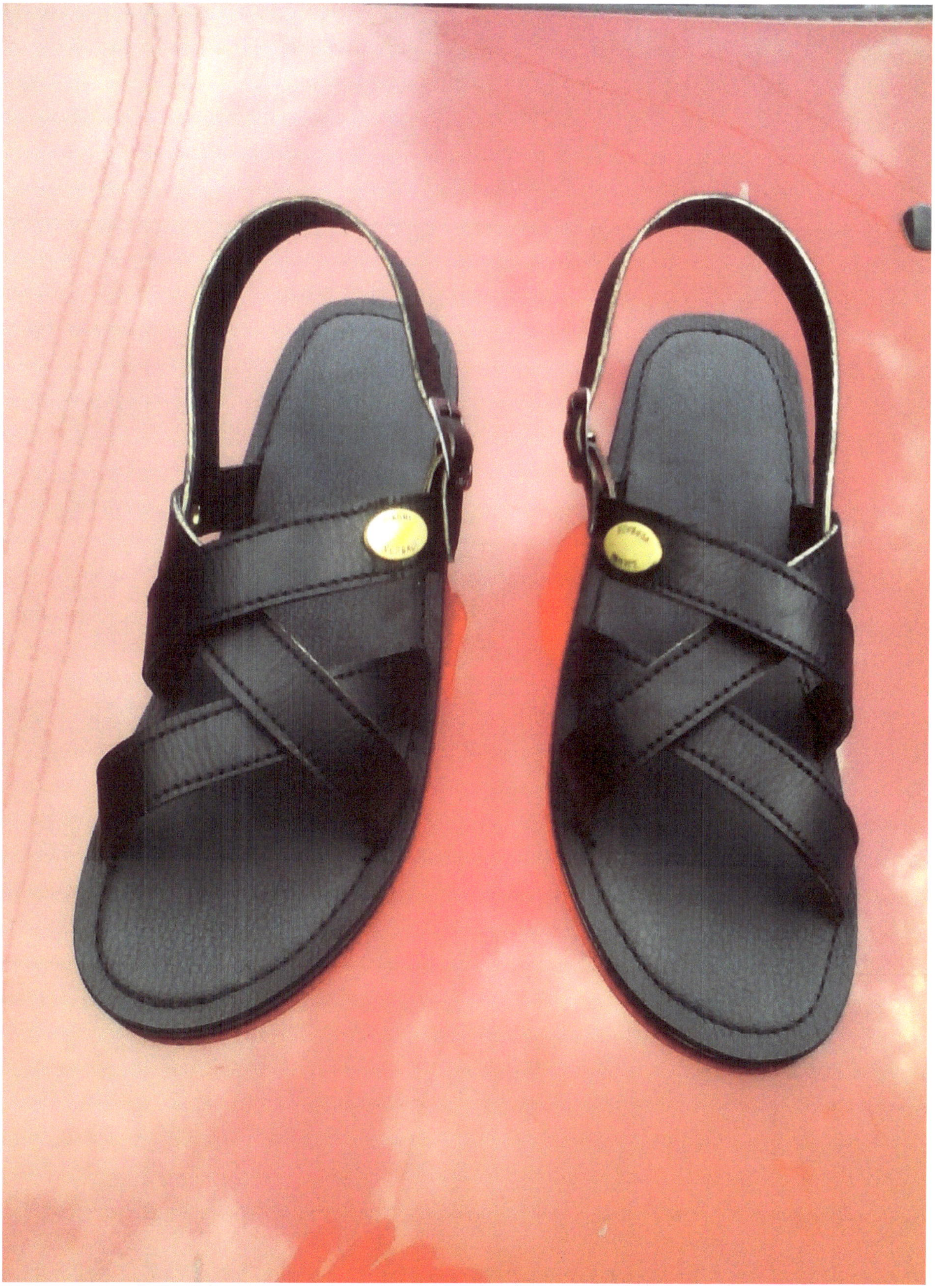

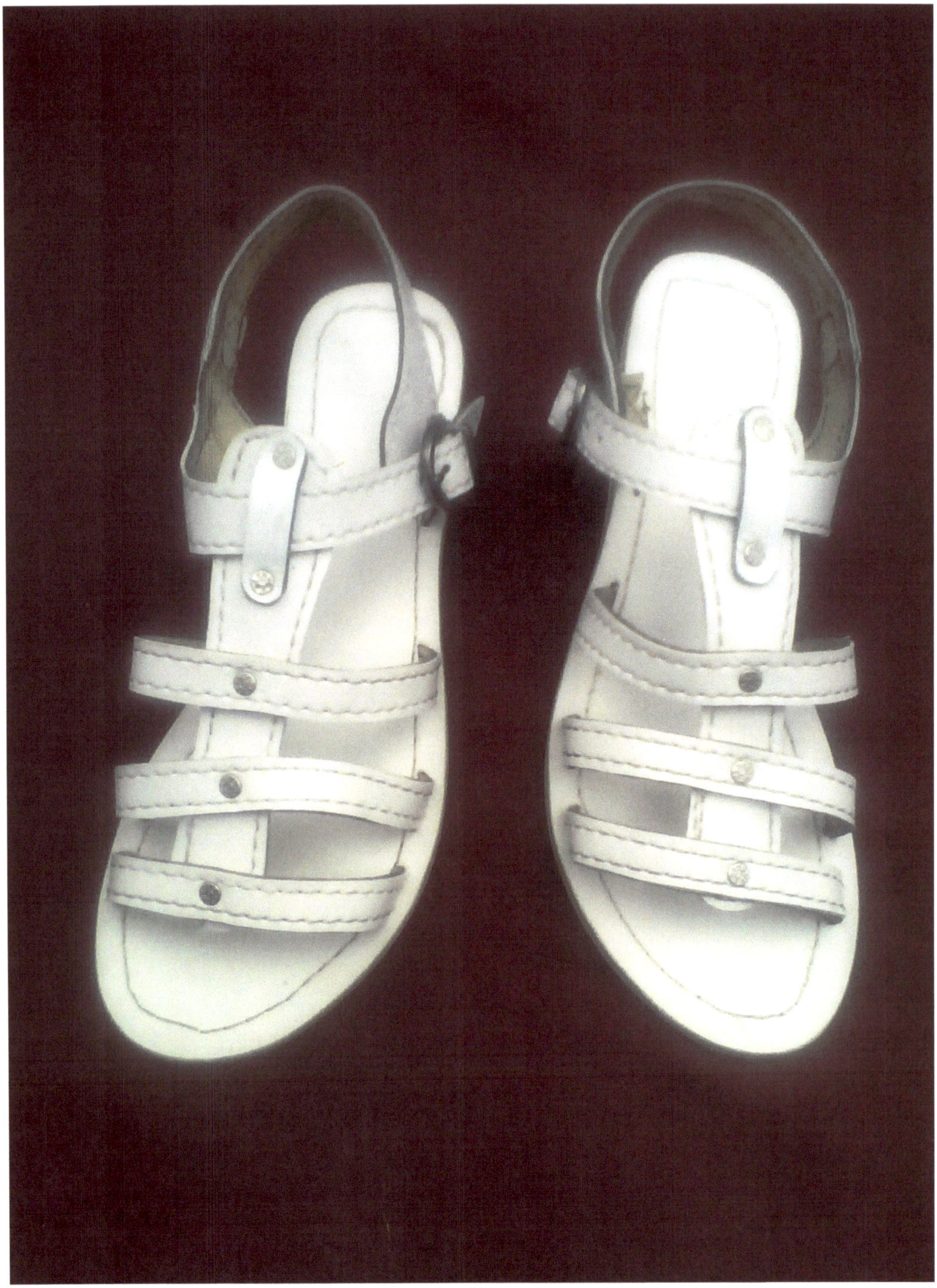

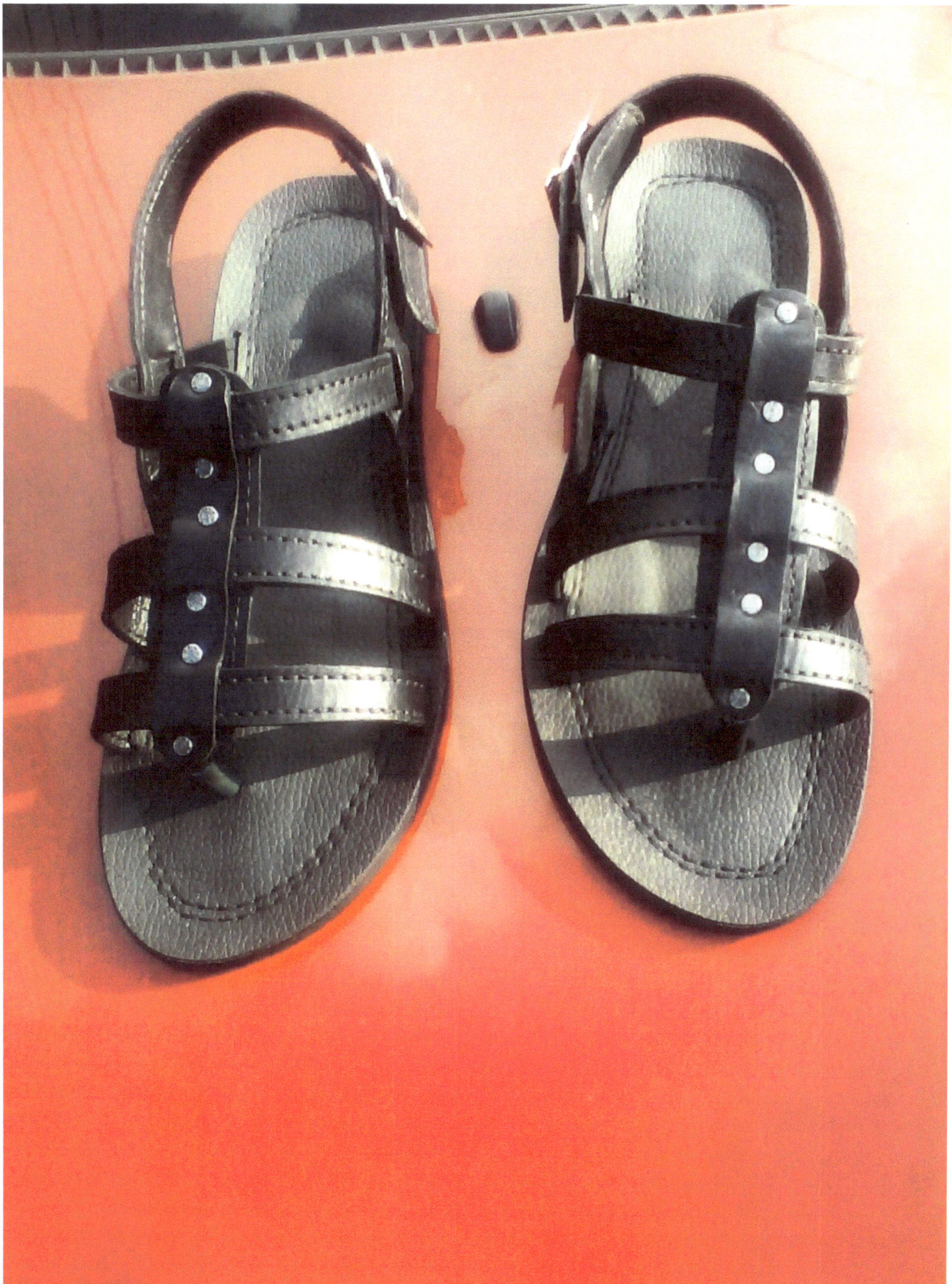

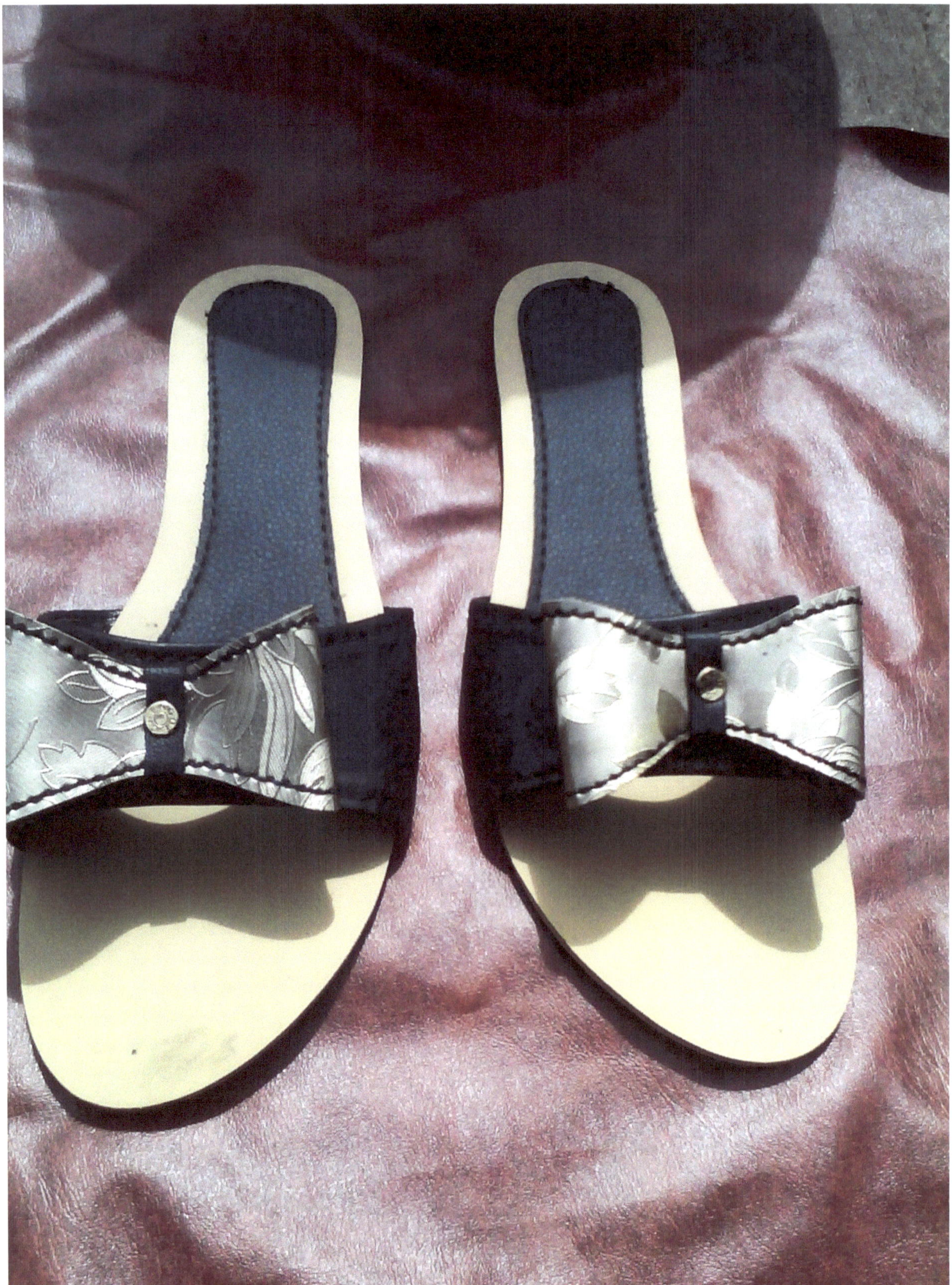

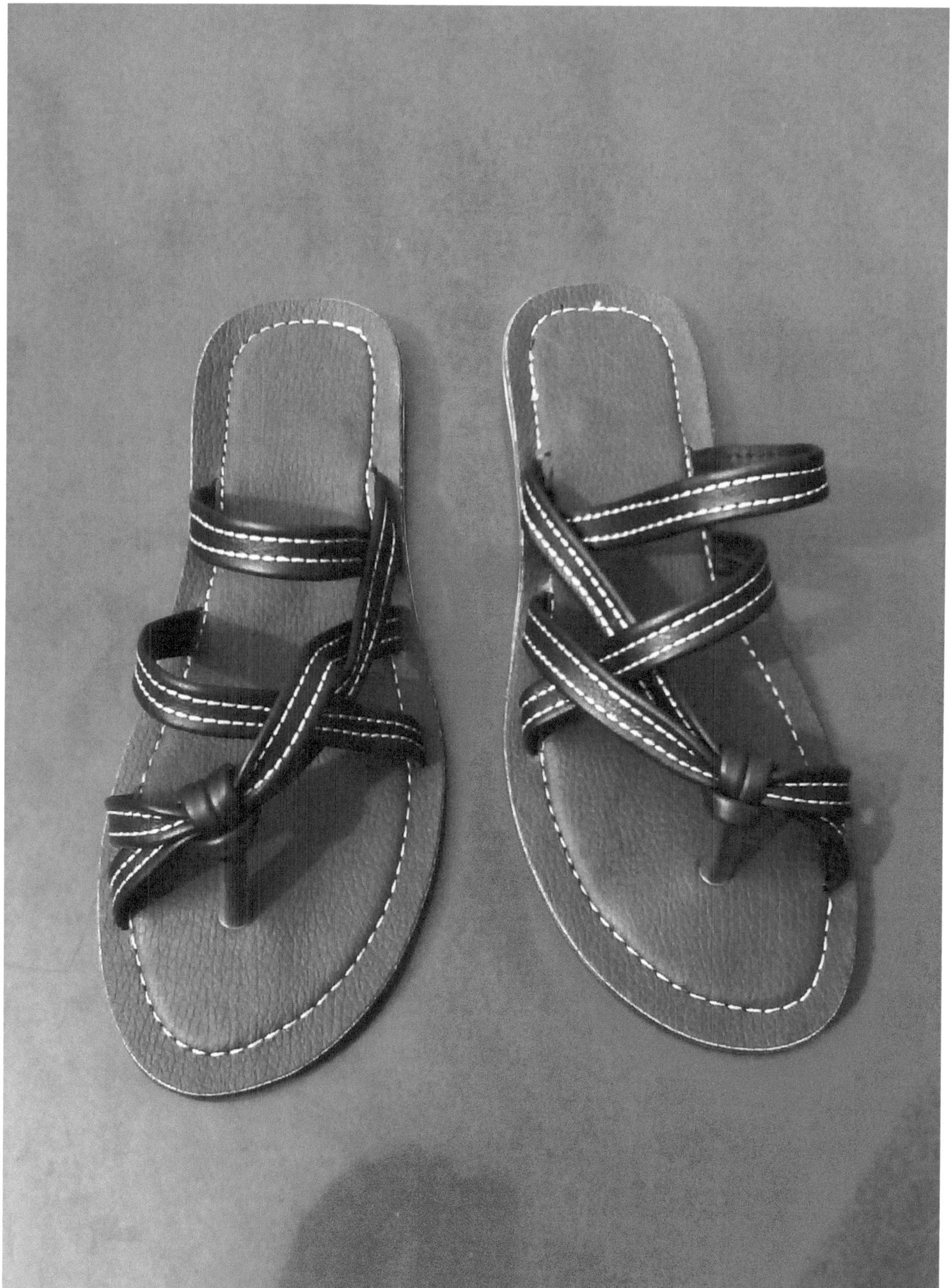

www.ingramcontent.com/pod-product-compliance
Lightning Source LLC
Chambersburg PA
CBHW050819180526
45159CB00004B/1725
* 9 7 8 1 5 3 4 7 2 3 4 4 3 *